『選択本願念仏集』の論理と構造

――法然の集合論――

西山学会『選択集』研究会

目次

一、『選択本願念仏集』の文献批判

『選択本願念仏集』（以下『選択集』）といっても、種々さまざまな『選択集』が流布している。『選択集』を正しく理解するためには最も良い本（テキスト）を勉強しなければならない。最も良い本は何かというならば、それは法然から九条兼実に提出された『選択集』である。これを『選択集』の「根源正本」という。勿論、版本ではなくて、法然によって清書されたものである。残念なことには、この自筆本は発見されていない。しかし幸いなことに、九条兼実の孫である道家によって延応元年に出版された『選択集』（版本）が一部だけのこっている。それは鹿ヶ谷の法然院にあるので「法然院本」あるいは「延応版」という。法然が手元に持っていた筈の本（「根源副本」というべきか）は発見されていない。また證空、弁長、親鸞、隆寛などが各自のために書写した本も見つからない。さらに元祖帰浄の年、建暦二年に法然の門弟たちによって出版されたという「建暦版」も発見されていない。

そうなると、現時点で最も信頼できる『選択集』は「法然院本」（「延応版」）であるという結論になる。ちなみに「法然院本」は承元元年（一二〇七）四月五日に逝去した九条兼実の三三回忌に当たる延応元年（一二三九）三月六日に出版された。つまり『選択集』「延応版」は九条兼実の三三回忌追善菩提のために道家によって出版されたものである。ときに證空は六三歳であった。

水戸彰考舘蔵『三鈷寺文書』には、三条西実隆《さんじょうにしさねたか》（一四五五〜一五三七）によって記された「拘留如来縁起《だきとめにょらいえんぎ》」という文献が収められている。これは、證空の高弟・宇都宮実信房蓮生《うつのみやじっしんぼうれんしょう》所持の阿弥陀如来像の縁起である。その一節に、実信房が関東に下る熊谷直実《くまがいなおざね》（法力房蓮生《ほうりきぼうれんせい》）に逢って法然上人を紹介され、その時に直実から『選択集』上下二巻を譲られたという話がある。後世の史料なので全ての内容が史実を伝えるものとはいえないが、独自の伝承として検討の価値があり、傍証があれば、その部分は有力な情報として採用できる。

> 法然上人は今、摂州勝尾寺に閑居したまいて仏法を弘通したまふ。貴賤の発心者、其数をしらざるによりて輙ち対面希れなり。我しるしを可参とて腰につけたる文夾《きょう》（文書や典籍を入れる箱）をとひていはく、「此文夾とまふすは浄土の肝要を撰て月輪禅定殿下にまいらせられ選択集と名。上下両巻十六章段なり。すなはち上巻は法然上人の御自筆。下巻は白川遣迎院善恵上人の御自筆なり。此文夾の銘は真宗経文紙形と書き。下に浄土求法蓮生《れんせい》と書付たまひて。関東下向のはなむけにたまふといへども。汝にこれをあたふ。是をもちて蓮生入道、右の意趣を述たまはく、御発心疑あるべからず。とく帰依して同行の善知識と契るべし」とて、東にわかれぬ。さて宇都宮は勝尾寺にまいり法然上人を尋。（ルビ・圏点編者、以下同）

ここで注目したいのは、『選択集』が上下二巻に分かれていて、上巻は著者の法然上人が自ら清書し、下巻は證空によって清書されたものであるという伝承である。凝然の『浄土法門源流章』を見ると、人王八十二代後鳥羽天皇の御宇、建久九年歳次戊午。時に源空六十六歳、『選択本願念仏集』一巻を録す〈開して二巻とす〉（原漢文）

とある。これを先ほどの『拘留如来縁起』とつき合わせれば、もともと一巻だった『選択集』が二巻となったのは、法然上人と證空が筆写を分担したことを原因とする体裁の変化であったと見ることができる。現に、草稿やそれを写した系統の本である『廬山寺本』・『禿庵文庫本』・『往生院本』は一巻本であり、しかも法然上人示寂以後、次々と出版される『選択集』は、ことごとく二巻仕立てとなっている。現存する古本の状況からも、『選択集』は九条兼実に進上した「高覧本」すなわち「根源正本」（後述）を境として、つまりそこに至って初めて一部二巻の体裁になったと考えられるのである。『選択集』が兼実に進覧された「根源正本」で本・末の二部構成になったことと、次の行観の『選択本願念仏集秘鈔二』の記述は関連しているのかも知れない。

或る時、大谷上人に逢ひ奉りて故善慧上人の云く、一向に廃立の法門にて諸行を廃する時は、邪見に堕せしむべきの機有り、時時は要門の法門も少々仰せらるべきかと申さるる時、上人の云く、爾罷休《なんじやみねやみね》云々、一丈の堀を越えんと欲はば一丈五尺の思ひを成すべく、八九尺乃至一丈の思ひを存ぜば、一定誤りと成るべしと仰せられたりと、西谷には常の御物語に之有りき。

また康空示導の『顕揚浄土鈔』に、

法然上人有縁の道俗を勧めて偏に念仏せしめ給ひしに帰する者は多く帰せざる者は少なし。その中に上人の本意を弁へずして余仏を礼し余善を行ずるは雑行なりと称して一向にこれを遮遣する者多し。仍て諸宗憤りをなし種々の留難を致せり。其時善慧上人「専雑二修の大旨を述べて門人の僻見を改め、諸宗の嘲りを止め玉へかし」と申されしに、上人の云。予が一生の作業には先ず日本一州の道俗を勧めて浄土に帰し名号を称念せしめんと思ふ也。事併せて行ずる事難し、その宗旨に至りては汝に嘱す。汝我道を弘めて我が志を顕すべし云々

法然が『選択集』の前半の「本」を、證空が後半の「末」を清書して兼実に献じたということは法然の意向によるが、その理由が先に掲げたエピソードと関連しているように思う。また兼実に『選択集』を披講するという役目のために、あえて證空に清書させたとも考えられる。

さて法然の「思想の構造」を明らかにするための方法として、法然の主たる著書として認められている『選択集』の論理構造を分析して、法然の論理を解明する。

『選択集』の構造を徹底的に解析する理由は、次の三つの事実に基づいている。

①『選択集』が法然の撰述であることに疑問はない。

②『選択集』は体系的であるから、法然の論理を分析するのに最も適している。

③『選択集』は書誌学的問題が比較的に少ない。既に論じたように、「法然院本」(「延応版」)が現時点で最も信頼できる『選択集』のテキストである。

本書においては、西山浄土宗宗務所から発行された『復元根源正本選擇本願念佛集』(「法然院本『選択集』(延応版)」を一字だけ訂正したもの)を使用する。

二、『選択集』の構造論

法然の主著『選択本願念仏集』は建久九年（西暦一一九八年）に著された。それ以来、現代に至るまで繰り返し出版され、多くの解説書があるが、十分に理解されていない。その訳は『選択集』が極めて厳密に構成された論文であることが理解されていないからである。『選択集』は文章は短いけれども、論旨は奥深く、術語（名目）の定義は厳密である。そうして『選択集』の趣旨は段の進行につれて目まぐるしく発展する。普通の書物を読むような態度で取り組んでは歯が立たない。つまり数学書を読むように、一歩一歩と正確に理解しなければならない。

そこで法然の『選択集』の教判論理を**集合論**を援用して解明する。その場合、図と方程式を併用して論旨を明解に表現したい。そうする事によって初めて法然の意図が明らかになるであろう。

浄土宗西山深草派大成者顕意は『選択集』の論理を「総別与奪の料簡」であると述べている。『選択集』に集合論を適用してみて「総別与奪の料簡」とは「集合論」の別名であることが明らかになった。

1　法然とデカルト

梅原猛氏は著書『法然』（浄土仏教の思想八　講談社）において、法然の知性の特徴を論じられた。氏は法然は理性の人・知性の人であって、第一の特徴は博学であり、第二の特徴は明晰な論理性であり、第三の特徴は原典・原則主義であるとして、左のように説かれた。

私はこのような法然を見ると、法然を近世ヨーロッパ哲学の創出者ルネ・デカルトに比較したい誘惑を禁ずることが出来ない。法然の文章もデカルトのように明晰判然としていて、論理の暖昧さが全くと言っていいほどない。そして法然もまたデカルトのごとく当時の一切の仏教教説を疑い、新しい仏教の原則を確立した。その点において法然はデカルトと似ていると言える。（『法然』一九三ページ）

法然の著書を読む時、私はデカルトの著書を読むような明晰さを感ずるのである。それは分析論理の立場である。AかBかと問い、Aを撰びそのAに基づいてまたAかBかを問う。そしてそれによって見事な首尾一貫した論理体系を構成する。そしてその論理体系の奥に阿弥陀の平等の慈悲がある。それは凡夫・悪人・女人の救済である。（『法然』四二六ページ）

また梅原猛氏は著書『法然の哀しみ』（梅原猛著作集10　小学館）で左のように論じられた。

法然はあくまで論理家である。彼はあくまでものの本質を問う。そういう意味で彼は哲学者であり、私は彼を、近代哲学の創始者といわれるルネ・デカルトに比すべき人であると思う。ルネ・デカルトはいっさいを疑って、最後に「考える我」に達した。そしてその「我」から演繹して一つの哲学体系を構成した。法然にもデカルトに似たところがある。彼はあくまで「要」を求め、「簡」を求め、ものの本質を究める。彼は、末代の凡夫の救いはどこにあるかを執拗に問う。そしてそれを、『往生要集』に従って念仏であるとする。その念仏とは何か。彼はその念仏の要をとって、結局、それは口称念仏であるという。口称念仏こそ、彼がよって立つところの信仰の根本原理である。そして、ちょうどデカルトが「考える我」のうえに立って世界を演繹したように、法然も口称の念仏のうえに立って世界を構成するのである。(『法然の哀しみ』一九八ページ)

2　法然の方法

法然は多くの仏道修行(たとえば八万四千もある)の中から、自分およびすべての衆生が行なうことができて、それによって救われる行《ぎょう》は何かを探し求めた。その方法は多くの仏道修行(八万四千)を「集合」と把握して、二分割し、必要なもの・求めるものを選り分けていく「やり方」である。そうしてそれが念仏の一行であることを明らかにした。次に、法然は「念仏行」以外のもろもろの行(諸行)が念仏を中心にどのような関係になるかを明らかにした。その思考を述べたものが『選択集』である。法然が六六歳の時のことであった。法然が『選択集』を著した方法は「総別・与奪の料簡」(西山深草派の顕意の言葉)と呼ばれる。

3　総・別、与・奪の思考方法と集合論

もう少しくわしく説明すると、法然は仏道修行を二つのグループ（集合）に分け、求めるもの・勝れたものを「別」とし、他のグループを「総」（一般的なもの、普通の仏道、価値の低い修行）とした。そしてさらに、勝れた「別」のグループを次の新しい基準（価値判断）でもって二つのグループに分け、より優れたグループ（集合）を選択した。法然はこの作業を繰り返して、効率よく多くの仏道修行の中から「念仏の一行」を抽出した。すなわち「総別」とは二分割された集合のうちでより価値の高いグループを「別《べつ》」とし、価値の低いグループを「総《そう》」とすることである。

「与奪」（give and take）の「奪」とは文字通り「奪《うば》う」ことである。選別の対象を二分割して、価値の高いグループ（「別《べつ》」）を残して、価値の低いグループを「くずかご」（「総《そう》」）の中に投げ入れる操作を「奪」という。つまり、対象を純化する作業（本質的なものを残して、不純なものを捨て去ること）を「奪う」というのである。

「奪う」ことと「否定する」ことは同じことではない。「奪」は「捨・閉・閣・抛」であって、抹殺することではない。「否定はそうでないと打ち消すこと」（『広辞林』）

この対象を純化してゆく一連の作業をひっくるめて「奪門」と名づける。善導によればたとえとして、仏道は八万四千の法門があるとされる。「奪門」の結果として、八万四千もの仏道修行はたった一つの「念仏行」（別）とその他の八三、九九九の「諸行」（総）に分けられたことになる。

次に、「与《よ》」とは文字通り「与《あた》える」ことである。法然は最後まで残った「念仏の一行」を中心に据えて、今度は先に「くずかご」（「総」）の中に放り込んだ八三、九九九の「諸行」を整然と並べて行く。すなわち「念仏」に再び豊かな内容を与えるのである。太陽を中心に惑星が廻るように「念仏」を中心に「諸行」が廻るのである。「諸行」は唯一の価値「念仏」を助成し、顕彰する働きをする。これは「デカルトのやり方」と似ている。

以上は法然が『選択集』を撰述した当時（建久九年［一一九八］）の教相判釈（教判論）である。

ここではっきりさせておくべきことは、法然は衆生が行ずるただ一つの「行」（念仏行）を残したことである。しかしそれは当然のことであった。法然は自力修行の天台宗の僧として、一代仏教（釈迦がその生涯の間に説いた総ての仏道）の中から、自分が修行できるものは何かを求めていたからである。

4　集合論とは

「集合論」とはゲオルク・カントール（一八四五〜一九一八）によって打ち立てられた数学で、「無限」を取り扱う学問である。カントールは対立する数学者クロネッカーの強力で執拗な反論を受けて、精神に異常を起して亡くなったといわれている。しかし現在では数学者一般によって、《集合論は、数学の最も深い基礎によこたわるところの重要な分野である》（赤攝也『集合論入門』「はしがき」培風館）と評価されている。

また論理学の分野でも、左のように根本的なものと認識されている。

集合論の始めの部分は、潜在的に、伝統的論理学にふくまれていたといってよく、だからこそ、集合論は、論理学の発展したかたちだといわれるのである。（吉田夏彦『論理と哲学の世界』一四二ページ第五章集合論、新潮社）

このことを赤攝也氏は、左のように解説された。

つまり、いろいろの概念には、その概念にあてはまるようなものの全部をメンバーとするような集合が対応し、さらに概念と概念との間の関係は、それらに対応する集合と集合との間の関係に翻訳することができるのである。

くわしくはいわないが、数学という学問では、このような「概念の集合化」ということが最大限に活用されている。そのために、たとえば、いくつかの集合を合併するとどんな集合ができるか、とかいうような、集合の一般的関係を明らかにすることは、数学一般の基礎にとってきわめて重要な意味をもつものなのである。これの初歩的な手ほどきなしには、現代の数学を理解することはほとんど不可能に近いといってもいいすぎではない。もちろん、上に述べた本来の集合論も、このような知識を基礎としてはじめてうち立てられるものであることは、容易に了解されるところであろうと思われる。かかることがらを調べる分野を「集合の代数」という。（『集合論入門』五ページ）

こういう訳で、人が論理的に思考するときは、「集合論」を知っていると知らないとにかかわらず、また意識するとしないとに関わらず、集合概念を用いているのである。

5　集合論の入門書『選択集』

先に述べたように、「集合論」が論理学と数学の根底に横たわる重要な分野であるならば、「知恵第一の法然房」と謳われた法然が、たとえ数学者ではなかったとしても、初歩的な「集合論」を用いていたことは当然予想されるところである。

『選択集』撰述八百年後の今日においても、『選択集』は充分解読されていない。その原因は現今の浄土教研究の学界に、『選択集』が「集合論」を駆使して、数学的に著された書である、という認識がないからである。

今回、我々は『選択集』を論理的な書物と認識するだけでは不充分であり、「集合論の入門書」として読まなければならない理由を明らかにしたい。

6　『選択集』の与奪論理

㈠、『選択集』は天台の理論である「与奪二門」で構成されている。「与奪二門」とは「与門」と「奪門」のことである。そして与奪の論理とは現代語でいえば「集合論」のことである。

与門とは広義の解釈（与釈）を用いて、ものごとを寛容に評価する立場である。あるいは、ものごとの内容を豊かにする立場である。従って対象を肯定することを基盤としている。与えるためには評価の対象を先に認めておかなければならないからである。

奪門とは狭義の解釈（奪釈）を行って、ものごとを厳密に批判する立場である。あるいは、ものごとの内容の純粋性を極める立場である。徹底的に批判し奪っていけば何も残らなくなるので、奪釈の終極は否定となる。

㈡、『選択集』の前半である初段から第七段までは奪門である。すべての仏道修行の中から、末代の凡夫が修めることができない行を奪い去ってゆくと、最後に念仏の一行だけが我々末代の衆生が等しく救われる行として残ることが明らかにされている。『選択集』一巻全体が教判論であるが、第四段は特に重要で、奪門の教判論の中心である。「奪門の教判論」とは、「憶念念仏」と念仏以外の「諸行」がどういう関係にあるか論じることである。奪門の中の最後の第五・六・七段は奪釈である初段・二・三・四段を仏が保証し証明されていることを述べたものである。

㈢、第八から第十五段までは与門である。奪釈で価値がない（奪う）とされた念仏以外の諸行に、もう一度新しい命を与えて、諸行あるいは余行が念仏に対してどういう関係になるのか明らかにされている。与門の中の第十三・十四・十五段は、与釈である第八・九・十・十一・十二段を、仏が保証し証明されていることを述べたものである。

第十二段は与門の教判論である。「与門の教判論」とは「称名念仏」と「諸行」の同義語である「定善・散善」がどういう関係にあるか説いたもので、第四段で名目を出しただけの「異類の善根」に言及している。

㈣、第十六段は結釈である。第一から第十五段までに「与奪二門」の論理体系で説かれたことを、実践的立場から総合し、称名念仏以外の全ての行を「閣《さしお》き、抛《なげう》ち、傍《かたわら》に」して「南無阿弥陀仏」と称えることが、全ての仏陀によって保証された最も正しい行であると結論されている。与奪門による『選択集』の構成を図示すると（図0）になる。

7　法然の問題意識

『法然上人行状絵図』第六巻を見ると、法然上人が『観経疏』を初めて読んだときの状況が、左のように記されている。

> 或時上人おほせられていはく、出離の志、ふかゝりしあひだ、諸の教法を信じて、諸の行業を修す。おほよそ仏教おほしといへども、所詮戒定恵の三学をばすぎず。所謂小乗の戒定恵、大乗の戒定恵、顕教の戒定恵、密教の戒定恵也。しかるに、わがこの身は、戒行にをいて、一戒をもたもたず、禅定にをいて、一もこれをえず。人師釈して、尸羅清浄ならざれば三昧現前せずといへり。又凡夫の心は物にしたがひてうつりやすし、たとへば猿猴の枝につたふがごとし。まことに散乱して動じやすく、一心しづまりがたし。無漏の正智なにゝよりてかをこらんや。若無漏の智剣なくば、いかでか、悪業煩悩のきづなをたゝんや。悪業煩悩のきづなをたたずば、なんぞ生死繋縛の身を、解脱することをえんや。かなしきかな、かなしきかな、いかゞせん、いかゞせん。ここに我等ごときはすでに戒定恵の三学の器にあらず、この三学のほかに、我心に相応する法門ありや、我身に堪たる修行やあると、よろづの智者にもと

め、諸の学者に、とふらひしに、をしふるに人もなく、しめす輩もなし。然間なげきなげき経蔵にいり、かなしみかなしみ聖教にむかひて、手自ひらきみしに善導和尚の観経の疏の、一心専念弥陀名号、行住坐臥不問時節久近、念々不捨者、是名正定之業、順彼仏願故といふ文を見得てのち、我等がごとくの、無智の身は偏にこの文をあふぎ、専このことはりをたのみて、念々不捨の称名を修して、決定往生の業因に備べし、たゞ善導の遺教を信ずるのみにあらず、又あつく弥陀の弘誓に順ぜり、順彼仏願故の文、ふかく魂にそみ、心にとゞめたるなり。…

右のように法然は『観経疏』の「一心専念弥陀名号、行住坐臥不問時節久近、念々不捨者、是名正定之業、順彼仏願故」という文を読んで自分は往生できると感激したとある。

（図0）『選択集』の与奪門と二尊教

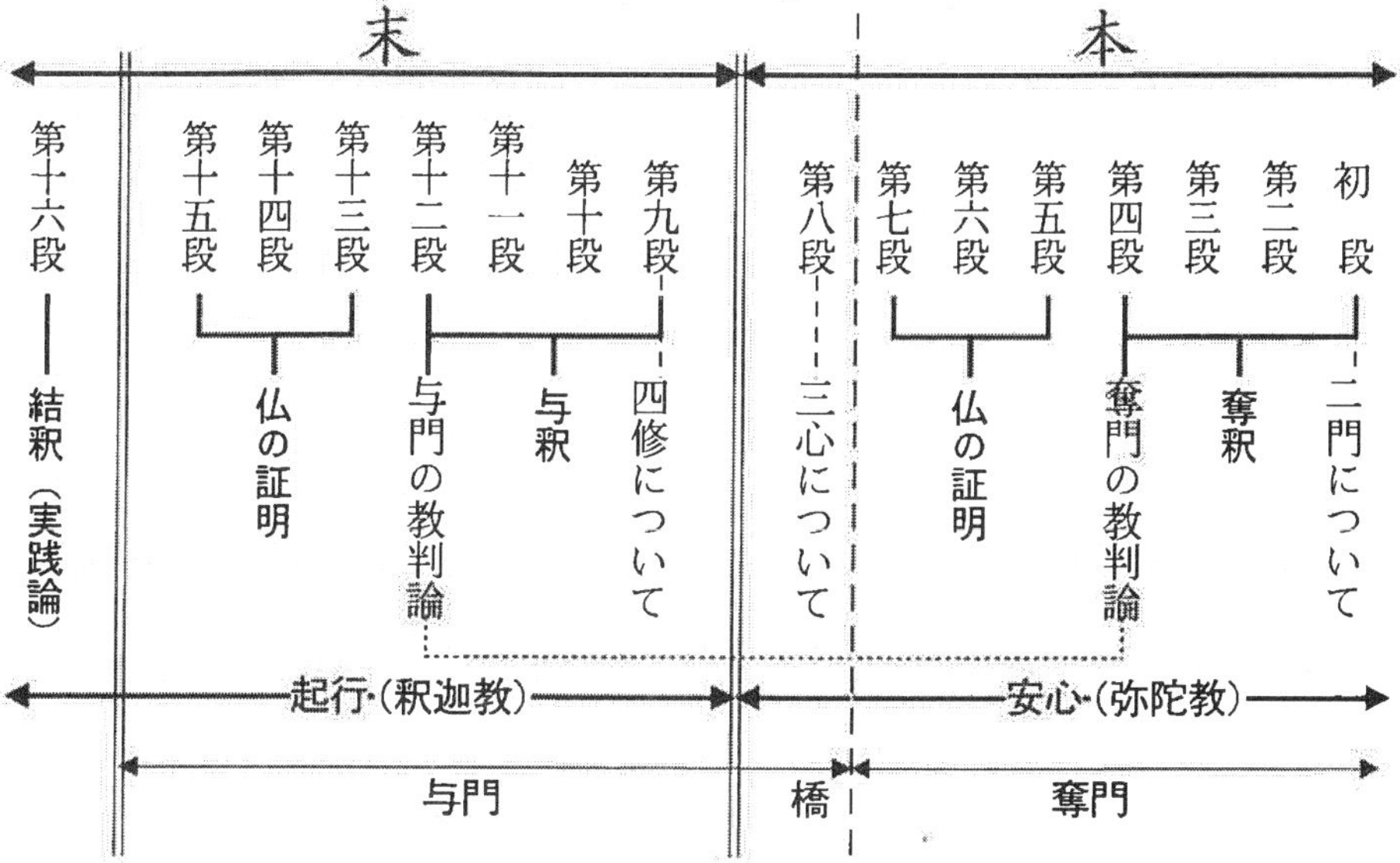

もろこし我朝に、
もろもろの智者達の、
沙汰し申さるる、
観念の念にもあらず。
又学問をして念のこころを悟りて、
申す念仏にもあらず。
ただ往生極楽のためには、
南無阿弥陀仏と申して疑いなく、
往生するぞと思ひとりて（＝憶念して）もうす外には、
別の子細そうらはず。
但し三心
四修と申すことの候ふは、
皆決定して南無阿弥陀仏にて往生するぞと、
思ふ（＝憶念する）うちにこもり候ふなり。
この外におくふかきことを存ぜば、
二尊のあはれみにはづれ、
本願にもれ候べし。
念仏を信ぜん人は、
たとひ一代の法（定散二善）をよくよく学すとも、
一文不知の愚鈍の身になして、
尼入道の無知のともがらに同じゅうして、
智者のふるまひをせずして、
ただ一向に念仏すべし。

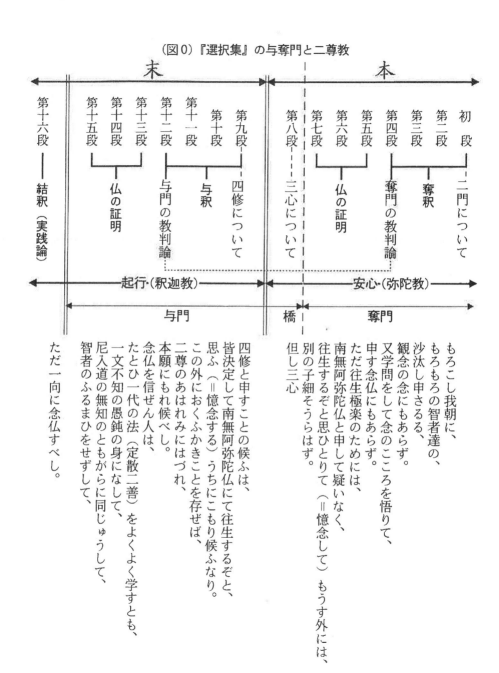

（弥陀教）

初　段	（『安楽集上』）		道綽禅師《だうしやくぜんじ》、聖道《しやうだう》・浄土《じやうど》の二門を立てて、而《しか》も聖道を捨てて正《まさ》しく浄土に帰《くゐ》する文《もん》
第二段	（『観経疏第四』）	（念＋声）	善導和尚《ぜんだうくわしやう》、正雑二行を立てて、雑行《ざふぎやう》を捨てて正行《しやうぎやう》に帰《くゐ》する文
第三段	（『無量寿経上』）	（念＋声）	弥陀如来、余行を以て往生の本願と為《し》たまはず、唯だ念仏を以て往生の本願と為《し》たまへる文
第四段	（『無量寿経下』云）	（念）	三輩念仏往生の文（諸行）
第五段	（『無量寿経下』）	（念）	念仏利益の文（諸行）
第六段	（『無量寿経下巻』）	（念＋声）	末法万年の後、余行悉く滅して、特《ひと》り念仏を留めたまふ文
第七段	（『観無量寿経』）	（念＋声）	弥陀の光明、余行の者を照らさずして唯だ念仏の行者を摂取したまふ文
第八段	（『観無量寿経』）	（念＋声）	念仏の行者、必ず三心を具足すべき文

（釈迦教）

第九段	（『往生礼讃』）	（念＋声）	念仏の行者、四修《ししゆ》の法を行用《ぎやうよう》すべき文
第十段	（『観無量寿経』）	（念＋声）	弥陀の化仏、来迎して聞経《もんぎやう》の善を讃歎せずして唯だ念仏の行を讃歎する文
第十一段	（『観無量寿経』）	（念＋声）	雑善に約対して念仏を讃歎する文
第十二段	（『観無量寿経』）	（念＋声）	釈尊、定散の諸行を付属せずして、唯だ念仏を以て阿難に付属したまへる文
第十三段	（『阿弥陀経』）	（念＋声）	念仏を以て多善根と為《し》、雑善を以て小善根と為《す》る文
第十四段	（『観念法門』）	（念＋声）	六方の恒沙の諸仏、余行を証誠せずして、唯だ念仏を証誠したまふ文
第十五段	（『観念法門』）	（念＋声）	六方の諸仏、念仏の行者を護念したまふ文
第十六段	（『阿弥陀経』）	（念＋声）	釈迦如来、弥陀の名号を以て慇懃《ねんごろ》に舎利弗等に付属したまふ文

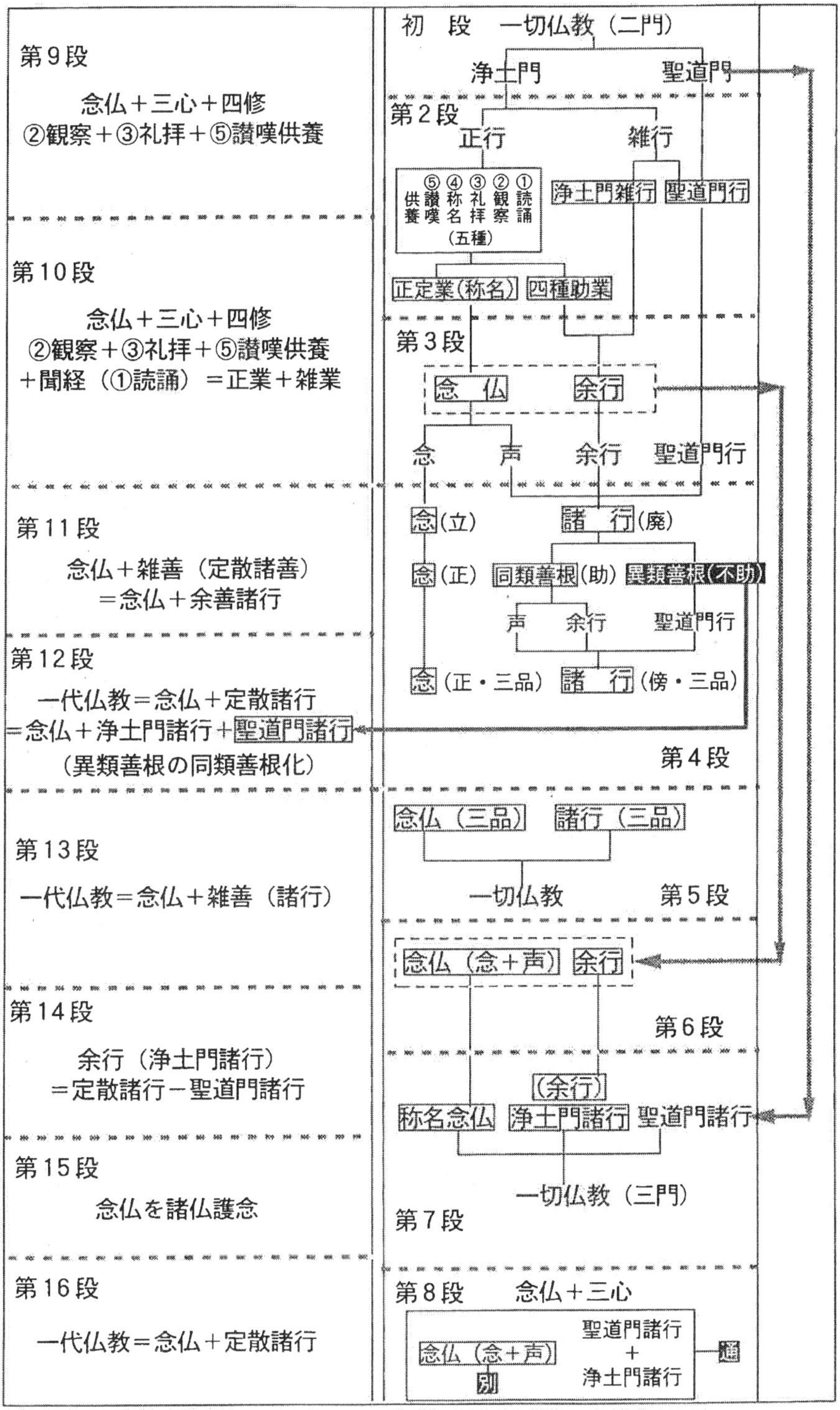
第9段
念仏＋三心＋四修
②観察＋③礼拝＋⑤讃嘆供養
第10段
念仏＋三心＋四修
②観察＋③礼拝＋⑤讃嘆供養
＋聞経（①読誦）＝正業＋雑業
第11段
念仏＋雑善（定散諸善）
＝念仏＋余善諸行
第12段
一代仏教＝念仏＋定散諸行
＝念仏＋浄土門諸行＋聖道門諸行
（異類善根の同類善根化）
第13段
一代仏教＝念仏＋雑善（諸行）
第14段
余行（浄土門諸行）
＝定散諸行－聖道門諸行
第15段
念仏を諸仏護念
第16段
一代仏教＝念仏＋定散諸行
初　段　一切仏教（二門）
浄土門
聖道門
第2段
正行
雑行
①読誦
②観察
③礼拝
④称名
⑤讃嘆供養
（五種）
浄土門雑行
聖道門行
正定業（称名）
四種助業
第3段
念　仏
余行
念
声
余行
聖道門行
念（立）
諸　行（廃）
念（正）
同類善根（助）
異類善根（不助）
声
余行
聖道門行
念（正・三品）
諸　行（傍・三品）
第4段
念仏（三品）
諸行（三品）
一切仏教
第5段
念仏（念＋声）
余行
第6段
（余行）
称名念仏
浄土門諸行
聖道門諸行
一切仏教（三門）
第7段
第8段
念仏＋三心
念仏（念＋声）
別
聖道門諸行
＋
浄土門諸行
通

起行　　安心

三、阿弥陀如来の教え（奪門）

初段　道綽禅師《だうしゃくぜんじ》、聖道《しやうだう》・浄土《じやうど》の二門を立てて、而《しか》も聖道を捨てて正《まさ》しく浄土に帰《くゐ》する文《もん》

今、此《こ》の浄土宗は、若し道綽禅師の意に依らば、二門を立てて而も一切を摂す。所謂る聖道門・浄土門、是れなり。

法然は初段で、道綽の『安楽集』によって、全仏教は自力で修行する「聖道門」と仏の力によって救われる「浄土門」の二つに分けられてしまうと説いた。そして自力で修行する聖道門は末代の衆生にふさわしくないと捨てた。（図1―1）

これは奪釈で、聖道門の価値を奪ったのである。

これを「集合論」から見れば、法然は第一段では仏道修行の方向性を説いただけで、まだ具体的に行を説いておらず、「門」という概念は仏道修行者と行の全体を「聖道門の行者及びその行法」と「浄土門の行者及びその行法」という二つの「集合」に分けたともいえる。

第二段　善導和尚《ぜんだうくわしやう》、正雑二行を立てて、雑行《ざふぎやう》を捨てて正行《しやうぎやう》に帰《くゐ》する文

法然は、善導大師の『観経疏』によって、浄土門の行を「正行」と「雑行」の二つに分けた。正行は、①読誦②観察③礼拝④称名⑤讃嘆・供養の五つである。もし⑤の讃嘆・供養を讃嘆と供養の二つに分けるならば、⑤讃嘆⑥供養の六種正行となるが、そうはせずに⑤の讃嘆・供養をひとつに取り扱い、五種とすると定義した。正行を五つに分けることを「開」、開くという。そして五種正行以外の、浄土門の全ての行の「集合」を雑行とした。

したがって聖道門と浄土門の雑行は（総）の「集合」に一まとめにされたことになる。法然は雑修であるから雑行を捨てて専ら正行を修めよと説いた。五種正行は阿弥陀如来に親近する（親しく近づく）行であるから

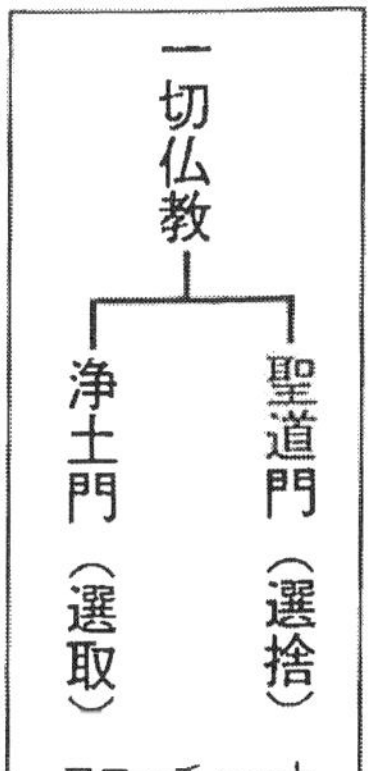

フローチャート
（図１－１）

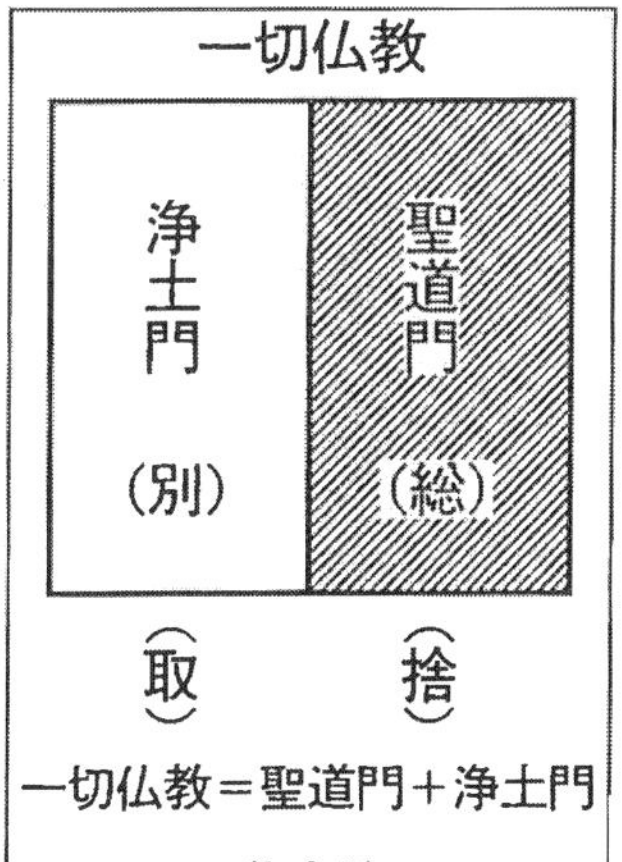

集合論
（図１－１）

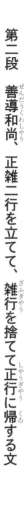

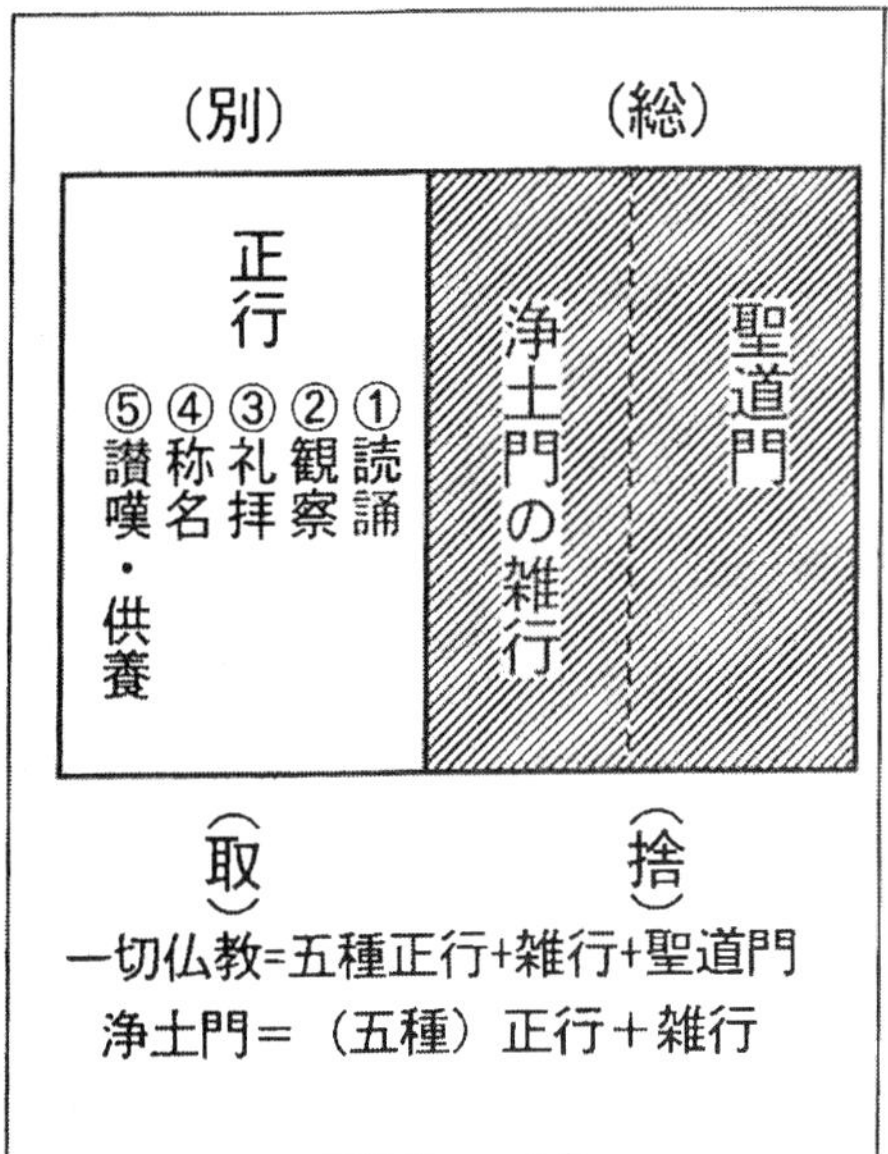

(図2－1)

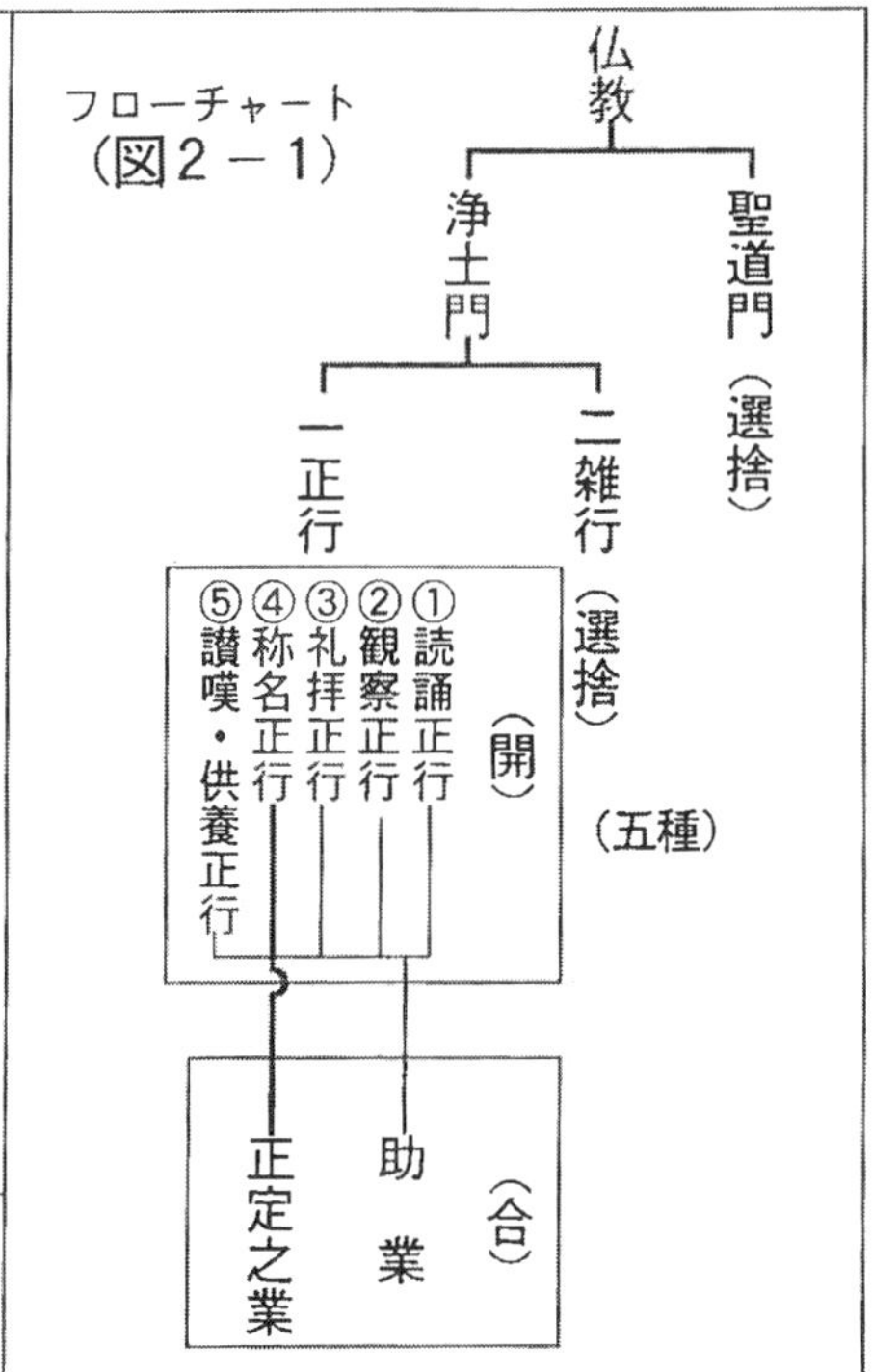

(図2－1)

である。すなわち法然は雑行を批判して奪った。これは奪釈である。（図2—1）

法然は次に④の称名を「正定業」とし、①読誦②観察③礼拝と⑤讃嘆・供養の四つを「助業」にまとめた。五種正行を正定業と助業の二つにまとめることを「合」、合わせるという。

そして法然は「助業」を（別）の集合から（総）の集合に入れ換えた。その結果、（別）の「集合」は称名（正定業）という行一つだけになってしまった。（図2—2）

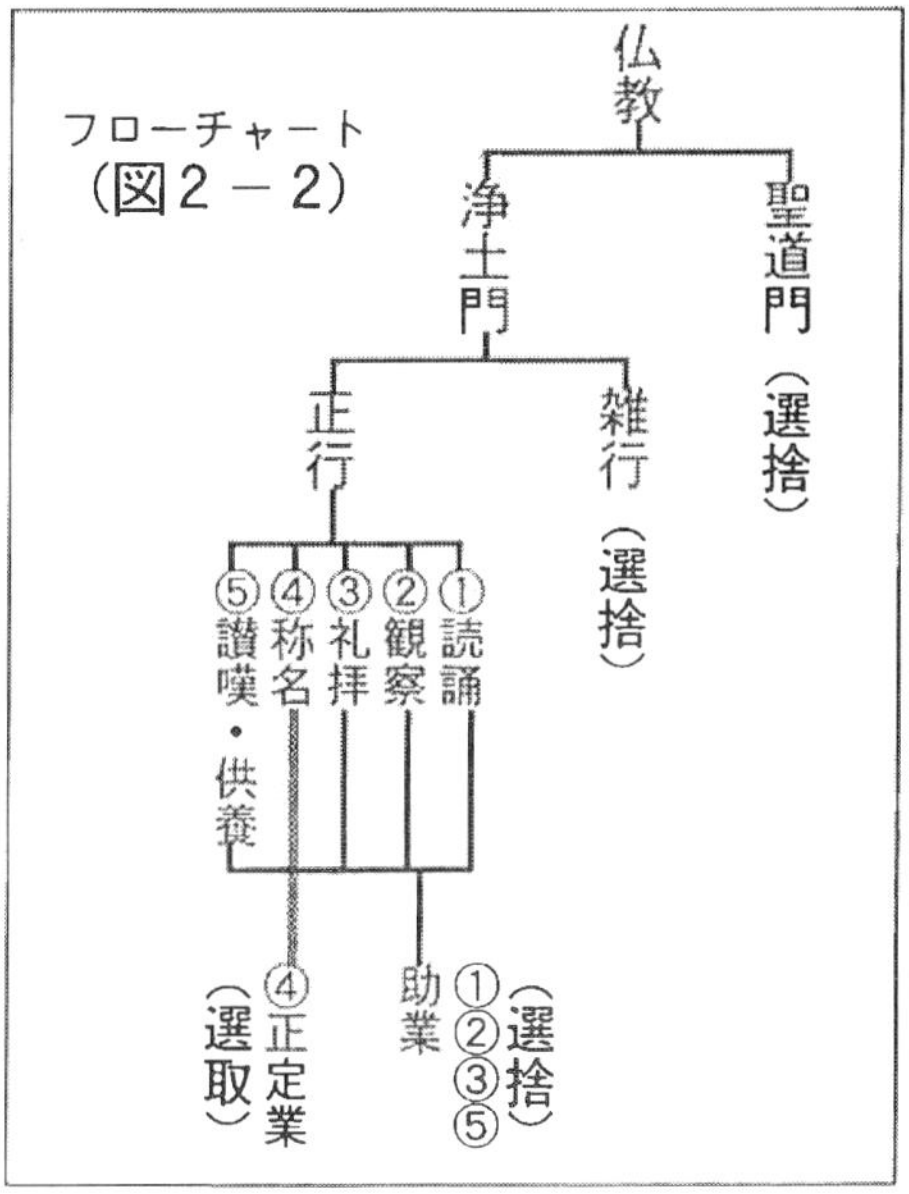

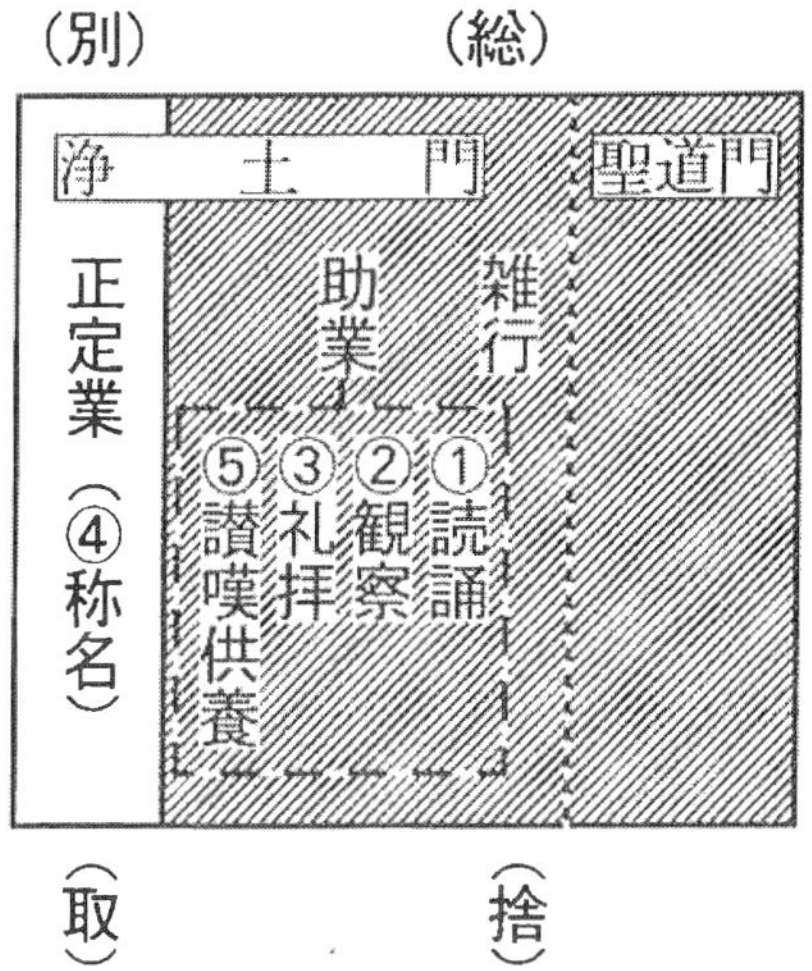

一切仏教=正定業+助業+雑行+聖道門
浄土門＝正定業（称名）＋助業＋雑行
（図2－2）

第三段　弥陀如来、余行を以て往生の本願と為《し》たまはず、唯だ念仏を以て往生の本願と為《し》たまへる文（余行の定義）

法然は第三段で、

『無量寿経』の上に云はく、「設ひ我、仏を得たらむに、十方の衆生、至心に信楽して、我が国に生ぜむと欲して乃至十念せむ。若し生ぜずは正覚を取らじ」と。

と『無量寿経』上を引用してから、「余行」と「諸行」を定義した。

問ふて曰《い》はく、普《あまね》く諸願に約して麁悪《そあく》を選び捨てて善妙を選び取ること、其の理《り》然るべし。何が故ぞ、第十八の願に、一切の諸行を選び捨てて、唯だ偏へに念仏の一行を選び取りて往生の本願と為《し》たまふや。

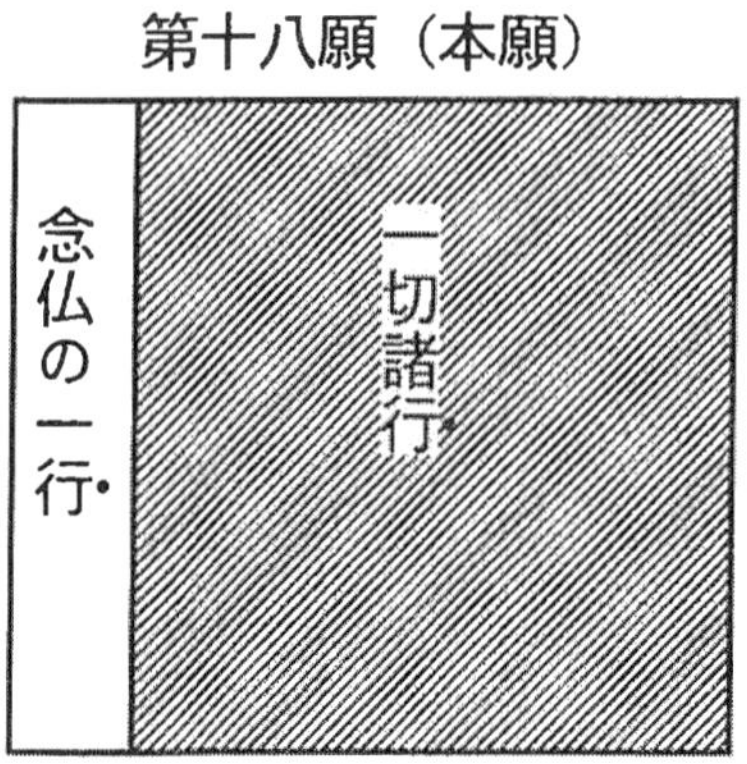

仏教＝念仏の一行＋一切諸行

勝劣→余行

難易→諸行

（図３－１）

（諸行の定義）（図3—1）

答へて曰《い》はく、聖意、測り難し。輒《たやす》く解《げ》するに能《あた》はず。然りと難も、今試みに二義を以て之を解せむ。一には勝劣の義、二には難易の義なり。

初めに勝劣といは、念仏は是れ勝、余行は是れ劣なり。所以《ゆへ》は何《いか》ん。名号は、是れ万徳の帰する所なり。然れば則ち、弥陀一仏の所有《あらゆ》る四智・三身・十力・四無畏等の一切の内証の功徳、相好・光明・説法・利生等の一切外用の功徳、皆悉く阿弥陀仏の名号の中に摂在《せふざい》せり。故に《かるがゆへ》、名号の功徳、最も勝れたりと為《す》。余行は然らず。各《をのをの》一隅を守《まほ》る。是《こ》こを以て劣なりと為《す》。（中略）（勝劣義は念仏と余行を論じる）

次に難易の義といは、念仏は修し易く、諸行は修し難し。（中略）（難易義は念仏と諸行を論じる）

若し智慧高才を以て本願と為《せ》ば、愚鈍下智《ぐどんげち》の者は定めて往生の望みを絶たむ。然るに、智慧の者は少なく愚痴の者は甚だ多し。

若し多聞・多見を以て本願と為《せ》ば、少聞・少見の輩《ともがら》は定めて往生の望みを絶たむ。然るに、多聞の者は少なく、少聞の者は甚だ多し。

若し持戒・持律を以て本願と為《せ》ば、破戒・無戒の人は定めて往生の望みを絶たむ。然るに、持戒の者は少なく、破戒の者は甚だ多し。

自余の諸行、之《これ》に准じて知りぬべし。

当に知るべし、上《かみ》の諸行等を以て本願と為ば、往生を得る者は少なく、往生せざる者は多からむ。

然れば則ち弥陀如来、法蔵比丘の昔、平等の慈悲に催《もよほ》されて、普《あまね》く一切を摂せむが為に造像・起塔等の諸行を以て往生の本願と為《し》たまはず、唯だ称名念仏の一行を以て其の本願と為《し》たまへるなり。

と述べた。

1　諸行と余行の定義

法然はここで、「諸行」と「余行」を使い分けている。

第三段の表題に「阿弥陀如来は余行を往生の本願としたまはず、ただ念仏を往生の本願としたまふ」とあることから、浄土門の往生行の中で念仏だけが本願であって、その他のすべての浄土門の行すなわち余行は本願でないと規定されている。つまり法然は浄土門の中の念仏以外のすべての行を「余行」と定義した。このことから、諸行は本願から排除されていることが判る。

次に法然は「何が故ぞ、第十八の願に、一切の諸行を選び捨てて、唯だ偏へに念仏の一行を選び取リて往生の本願と為《し》たまふや」と設問した。このとき「一切の諸行」とは「往生のための」とか「浄土門の中の」というような限定の句を用いていないから、法然が「一切の諸行」を浄土門と聖道門を一括した全仏教のすべての行と定義したことが判る。

また、法然は「次に難易の義といは、念仏は修し易く、諸行は修し難し」と述べた。既に初段において、聖道門は「難行道」であると規定されている。従って修し難い「諸行」の中に聖道門を包含していることが解る。だから法然は第三段において、念仏以外の全仏教のすべての行を「一切諸行」と定義したのである。

（図3—1）

「余行」は、「称名念仏」に対比して、浄土門の中の「雑行」と「助業」を一括した集合と定義された。「弥陀一佛の所有の四智・三身・十力・四無畏等の一切の内証の功徳、相好・光明・説法・利生等の一切の外用の功徳、皆悉く阿弥陀佛の名号の中に摂在せり」と、弥陀の名号には万徳があるけれども「余行」にはその一部しか含まないとして、明らかに「余行」を浄土門における様々な行と定義しているのである。

したがって（図2—2）の「正定業」の「称名念仏」を除く四種の「助業」は、「雑行」と一緒に「余行」の中に一括され、四種の「助業」も如来に親しく近づく行ではあるけれども本願ではないから本質的な意味はない、と法然（善導大師の意）によって批判されたことになる。これは奪釈である。（図3—2）

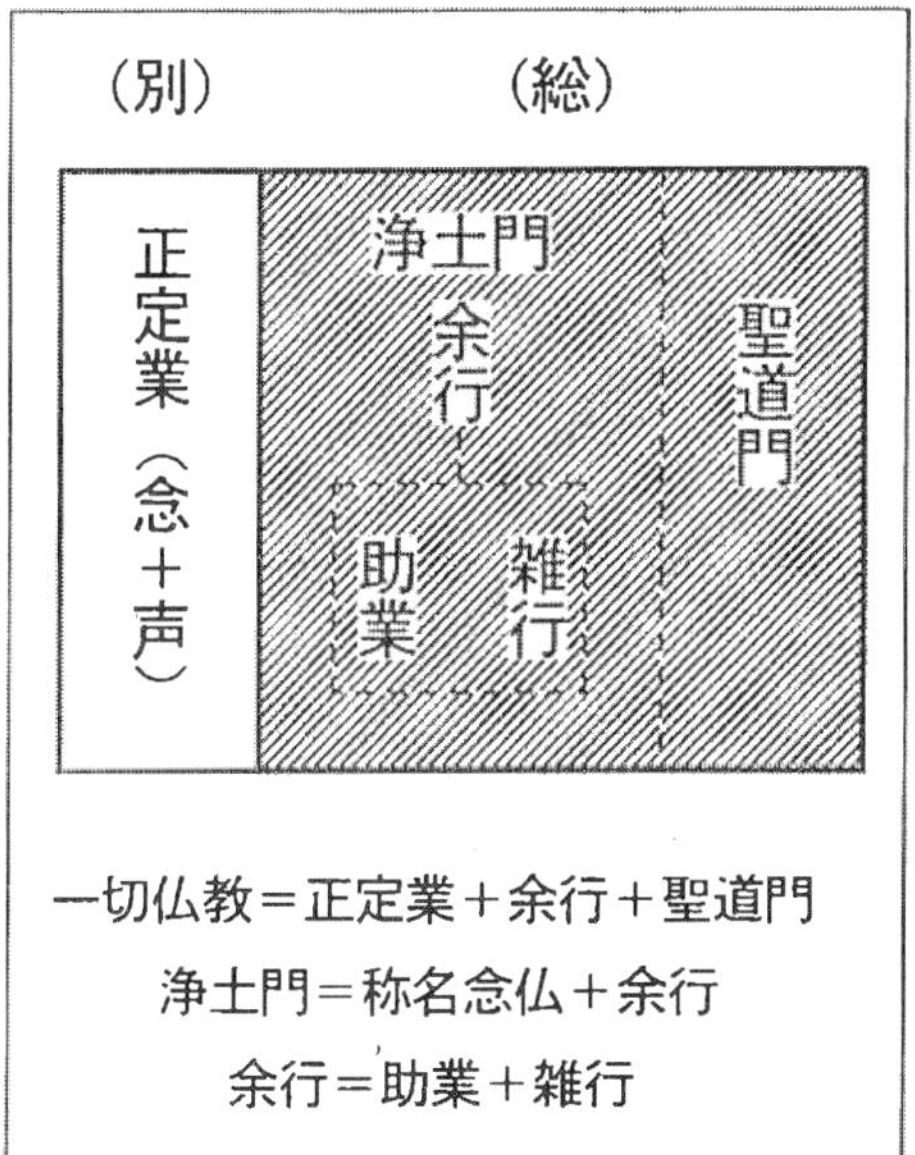

（図3－2）

（図3－3）

これに対して「諸行」については、「念佛は修し易し、諸行は修し難し」と判定し、難行道である「聖道門」を「諸行」という集合に含めている。その上で念仏の優れていることを説いている。（図3—3）
法然は一切仏教は「正定業」と「諸行」というたった二つの集合の和であるとしたのである。

2　念仏の二つの要素

次に法然は左のように「念」と「声」は一なりと規定することによって、実は正定業である「称名念仏」という集合は「念」と「声」という二つの要素から成り立っていることを明かした。（図3—4）これは次の第四章において、真の念仏の意味は行者の「念」であるということを明かすための伏線である。この図を書き直すと、（図3—5）になる。

問ふて曰はく、『経』には「十念」と云ひ、『釈』には「十声」と云ふ。念声《ねむしやう》の義、如何《いかん》。
答へて曰はく、念《ねむ》と声《しやう》とは是れ一なり。何を以てか知ることを得《う》るとならば、『観経』の下品下生に云はく、「声をして絶へざらしめて、十念を具足して南無阿弥陀仏と称せしむ。仏名を称するが故に、念々の中に於て八十億劫の生死の罪を除く」と。今、此の文に依るに、声即ち是れ念、念則ち是れ声なりといふこと、其の意《こころ》明《あき》らけし。

法然は、「念仏」が「念」と「声」という二つの要素の集合と考えていた。このことは「声（称名）」が余行および「聖道門」と共に、諸行に一括されることの前段階（伏線）であることを意味している。

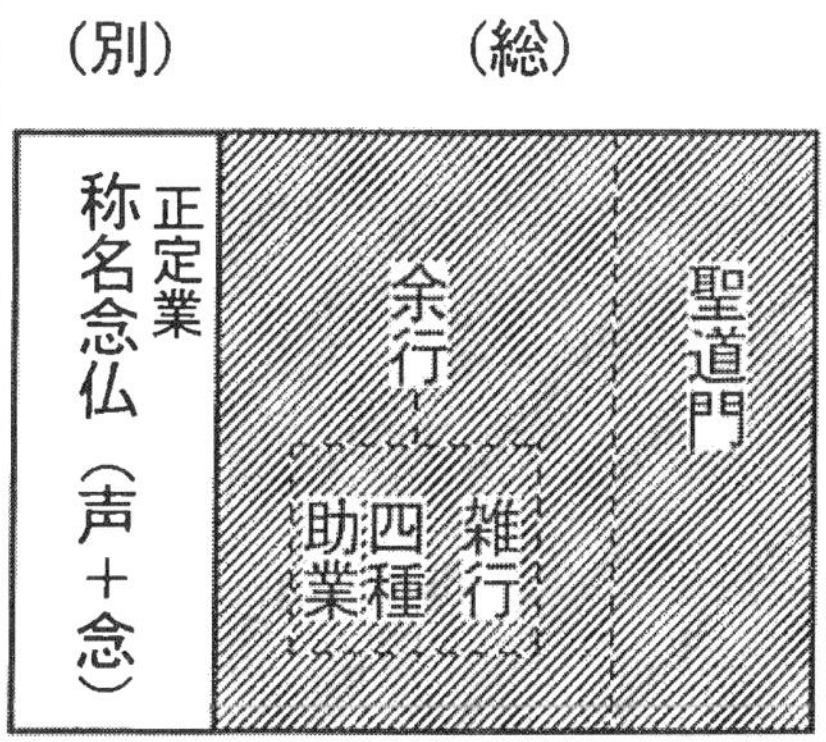

（図３－４）

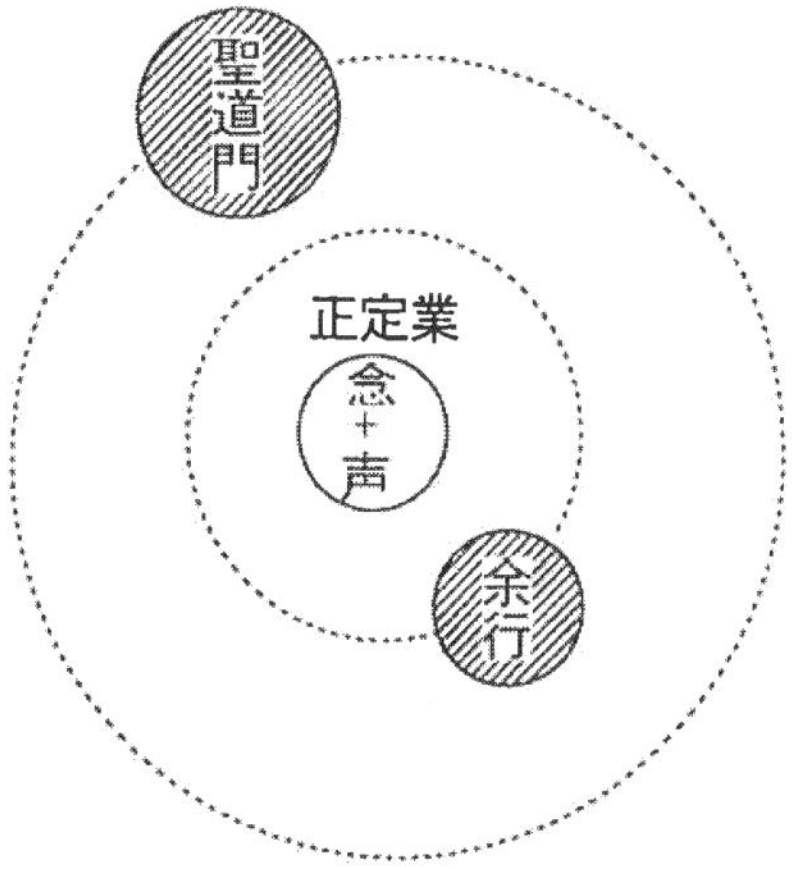

称名念仏を中心にして、浄土門である余行の外側に聖道門が位置する

（図３－５）

第四段　三輩念仏往生の文（冒頭の典拠なし）

この段で法然は三輩（上・中・下輩）がそれぞれ諸行を修しても、往生できるのは念仏だけによると規定した。

私に問ふて曰はく、上輩の文の中に、念仏の外に亦た捨家・棄欲等の余行有り。中輩の文の中に、亦

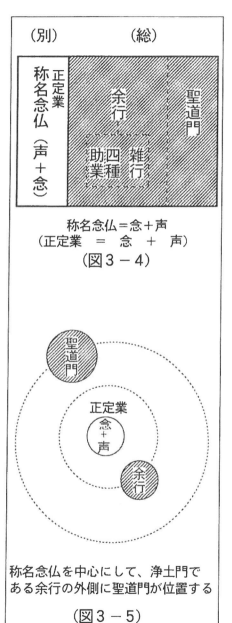

た起立塔像等の余行有り。下輩の文の中に、亦た菩提心等の余行有り。何が故ぞ、唯だ念仏往生と云ふや。

法然は余行が説かれているから、余行を棄てずに念仏すればよいではないか、と設問した。

答へて曰はく、善導和尚の『観念法門《くわんねむほふもん》』に云はく、「又此の『経』の下巻の初めに云はく、「仏、一切衆生の根性、不同にして上中下有りと説きたまふ。其の根性に随ふて、仏、皆勧めて専ら無量寿仏の名《みな》を念ぜしめたまふ。其の人、命終らむと欲《す》る時に、仏、聖衆と自《みずか》ら来りて迎接《こうせふ》して、尽く往生することを得しめたまふ」」と。此の釈の意に依りて、三輩共に念仏往生と云ふなり。

問ふて曰はく、此の釈、未だ前《さき》の難を遮《しゃ》せず。何ぞ余行を棄てて唯だ念仏と云ふや。

答へて曰はく、此に三の意《こころ》有り。

一には、諸行を廃して念仏に帰せむが為に、而も諸行を説く。

二には、念仏を助成《じょじょう》せむが為に、而も諸行を説く。

三には、念仏と諸行との二門に約して各《をのをの》三品を立てむが為に、而も諸行を説く。

特に二が問題である。法然は、

二には、念仏を助成せむが為に此の諸行を説くといは、此れに亦た二の意《こころ》有り。一には同類の善根を以て念仏を助成し、二には異類の善根を以て念仏を助成す。

初めの同類の（善根の）助成といは、善導和尚の『観経の疏』の中に、五種の助行を挙げて念仏の一行を助成する、是れなり。具《つぶさ》に上《かみ》の正雑二行の中に説くが如し。（「次異類助成者」なし!!　真宗鎮西は入れる）

先《ま》づ上輩に就きて正助を論ぜば、「一向に専ら無量寿仏を念ず」といは、是れ正行なり、亦た是れ所助なり。「家を捨て欲を棄てて沙門と作り、菩提心を発す」と等《ら》いは、是れ助行なり、亦た是れ能助なり。謂はく、「往生の業には念仏を本と為《す》」。

と述べた。ところで、善導の『観経疏』（散善義、就行立信釈）を見ると、次のようになっている。

つぎに行に就いて信を立てば、しかるに行に二種あり。一には正行、二には雑行なり。一正行というは、専ら往生経の行によって行ずるものはこれを正行と名づく。何ものかこれなるや。一心に専らこの『観経』・『弥陀経』・『無量寿経』等を読誦する、一心にかの国の二報荘厳を専注し、思想し、観察し、憶念する、もし礼せばすなわち一心に専らかの仏を礼する、もし口に称せばすなわち一心に専らかの仏を称す、もし讃嘆供養せばすなわち一心に専ら讃歎供養する、これを名づけて正となす。またこの正の中について、また二種あり。

一には一心に弥陀の名号を専念して、行住坐臥、時節の久近を問わず、念念に捨てざるは、これを正定の業と名づく。かの仏願に準ずるがゆえに。

もし礼誦等によらば、すなわち名づけて助業となす。
この正助二行を除きて、以外の自余の諸善は、ことごとく雑行と名づく。

右の善導の『観経疏』散善義上品上生釈を読むと、善導は「正定業」と「助業」を「正助二行」と呼んだことが明らかである。すなわち、「正定業」は「正行」であり、「助業」は「助行」と言い換えたに過ぎないのである。だから「助行」とは「四種の助行」であるとしてもよい筈である。

ところが法然は、この「正助二行」という言葉を利用して、独創的解釈をしたのである。法然はこの第四段で、先の第三段の結論(図3—4)に更に手を加えた。すなわち五種の助行としての五種正行(①読誦②観察③礼拝④称名⑤讃嘆・供養)が「念仏の一行」を助成するというのである。この第四段では「四種の正行」=「四種の助業」だけが正定業を助けているのではないとする。すなわち④の「称名正行」も「念仏の一行」を助成するということになる。「称名正行」は「称名の業」であるから、「称名するという行為」が「念仏の一行」としての「憶念」を助けるのである。

ここにおいて法然は一段と論旨を進めて、「名を称するという行為」と「念仏の一行」(憶念念仏)は別のものであると主張した。法然が第四段でした操作(奪釈)を図示すると、(図4—1)のようになる。ここでは称名自体が一切の諸行という「集合」の中に入れられている。法然は、厳密にいうと仏名を称えること自体は真の念仏ではないと主張したのである。念仏とは、最も厳密に言えば心の中で阿弥陀仏を憶念することである。念仏の「念」の字を意味の通りに解釈すれば当然そうなるのである。

法然は第三段で「余行」と「称名念仏」を対にして論じ(図3—4)、第四段では「同類の善根」と「憶念念仏」（称名念仏ではない）を対の概念として論じている。（図4—3）即ち同類の善根とは雑行の正行化あるいは逆に五種助行の雑行化を意味するのである。つまり正業である憶念念仏だけが本質的意義を持つ。第四段において奪釈はピークに達した。

そして、法然は念仏を助成する集合「諸行」は、「同類の善根」という集合と「異類の善根」という集合の和であると定義した。「同類の善根」とは「憶念の念仏」以外の「称名を含む浄土門の全ての行」の集合を意味し、「異類の善根」とは「聖道門の全ての行」の集合のことである（図4—3）

称名と余行の和集合は同類の善根であるから、図4—2を書き直すと図4—4になる。

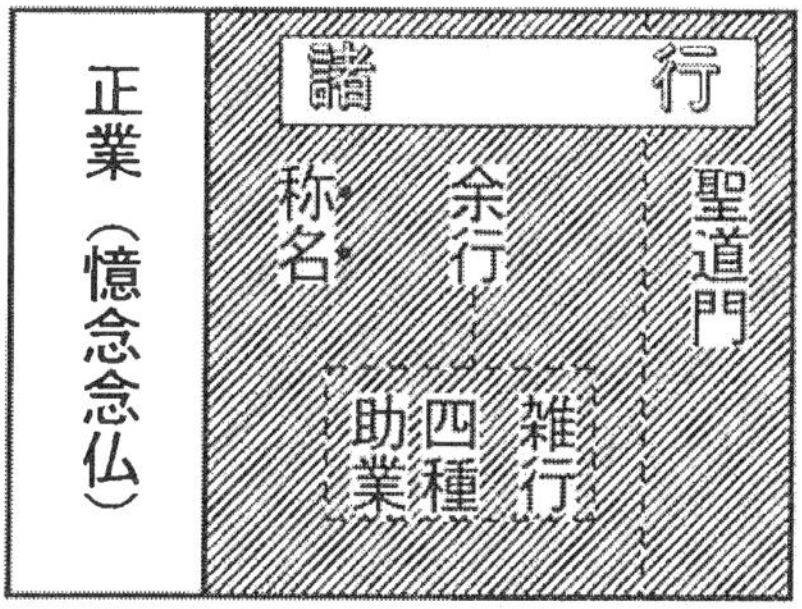

諸行＝称名＋余行＋聖道門諸行

一切仏教＝正業＋諸行

（図4－1）

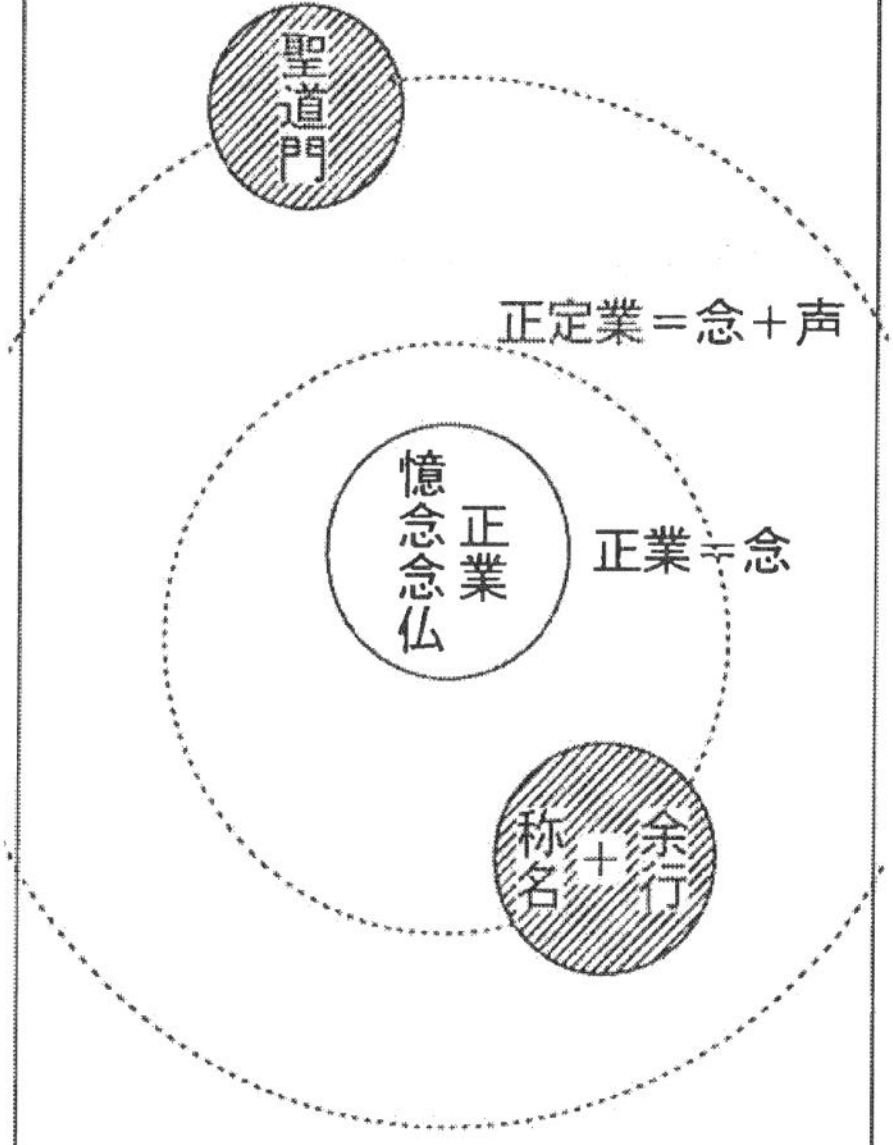

（図4－2）

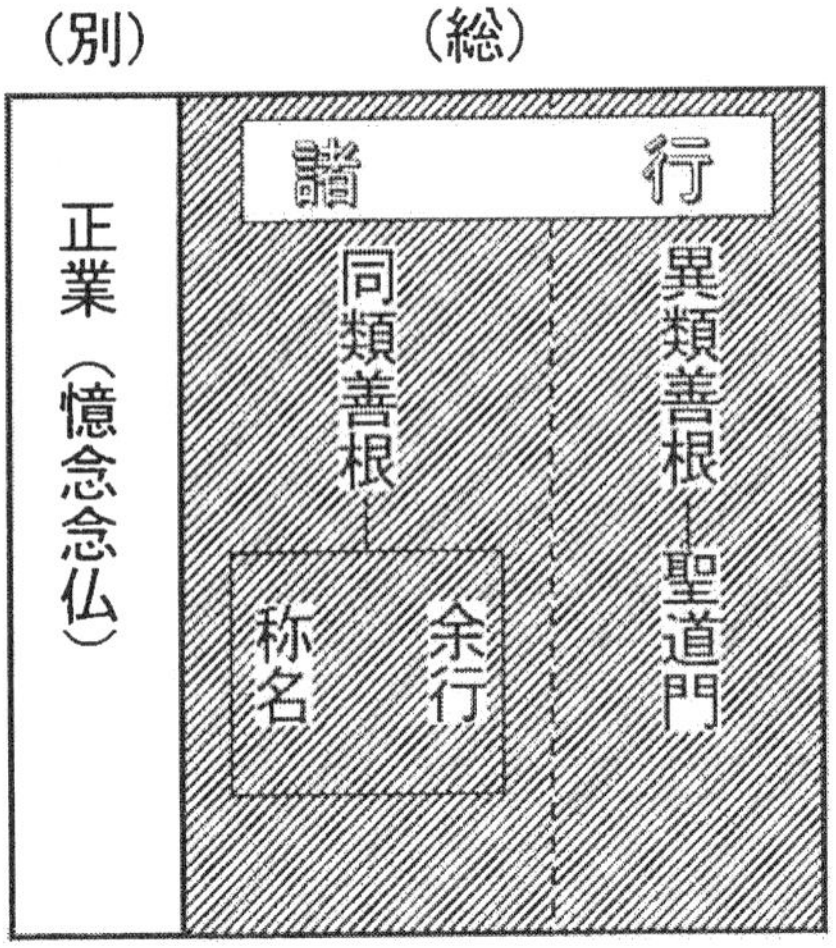

同類善根＝称名＋余行
諸行＝同類善根＋異類善根

（図4－3）

異類の善根とは聖道門のことであり、既に初段で否定されている。だから法然は第四段で説かなかった。

同類善根を「同類助業」、異類善根を「異類助業」と呼ぶことは理論的には間違いではないが、法然はこの二つの名目「同類助業」「異類助業」を『選択集』で使用していない。不用意にこの名目を『選択集』に使用すると過ちの原因となるので注意しなければならない。

ところで現在、真宗も浄土宗も「次異類助成者」という六字を入れた誤った『選択集』を採用している。その結果、①読誦②観察③礼拝④讃嘆・供養を同類助業と解釈し、起立塔像などの浄土門の中の五種正行以外の行すなわち雑行を異類助業と誤解している。

第四段の特徴として、法然は『無量寿経』巻下の文を引用したが、「『無量寿経』下に云《のたま》わく」という句を入れなかった。何故かというと、法然はここで自分の考えの教判論を展開したからである。だからここではお経や『観経疏』によって論じるのではなくて、法然独自の考えを示したと主張できる。第四段も前半と後半に別れる。

前半において、法然は全仏教は、「念仏（憶念）」と「諸行」の二つのグループに分けられると規定した。

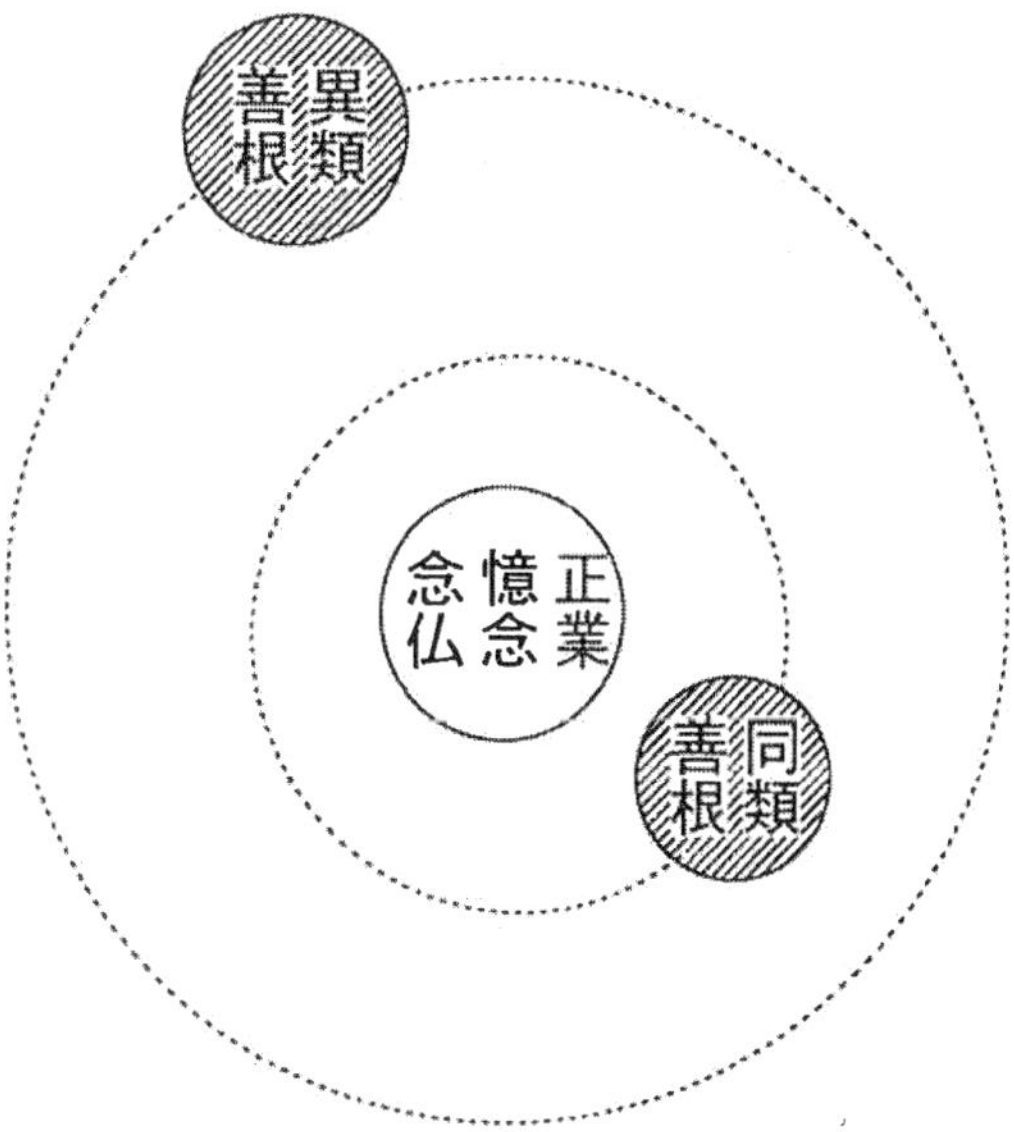

一切仏教＝正業（憶念念仏）＋諸行
諸行＝同類善根＋異類善根
（図４－４）

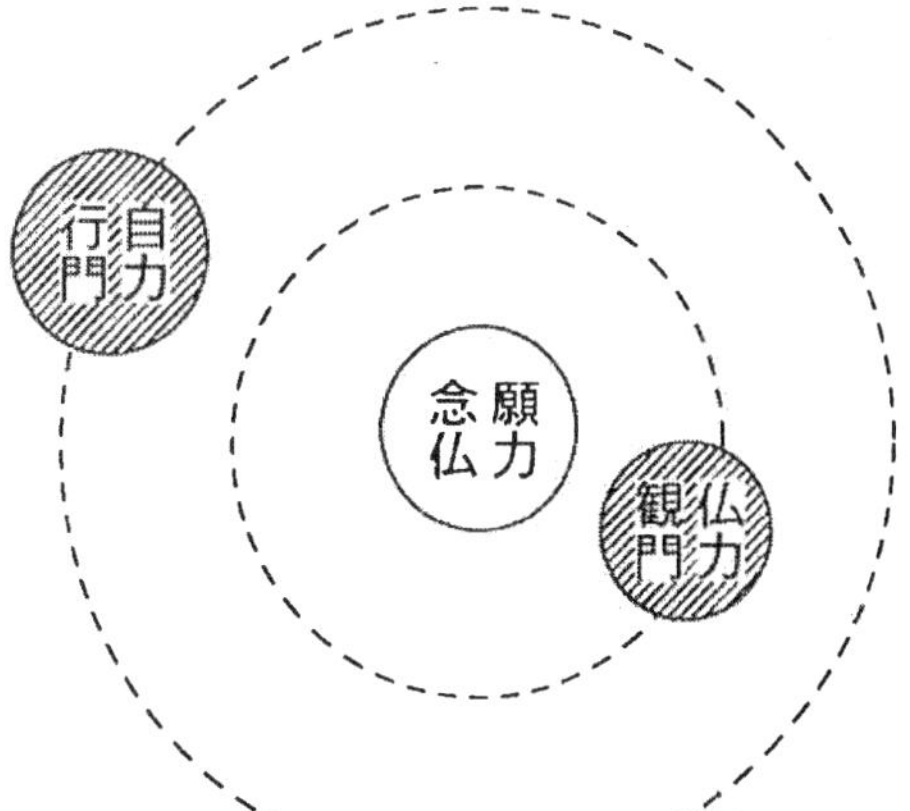

後にこの思想が発展して、正業憶念念仏は仏の願力三念仏となり、異類の善根は自力行門、同類の善根は仏力観門になる。これを勝尾寺での法門という。（図４－５）

「諸行」とは「称名＋余行＋聖道門」であると定義した。つまり、法然は第一段で一旦捨てた聖道門を再び論じている。このことは実は大変なことで、法然は一番大切なことは「念仏（憶念）」であって、浄土門の中の「念仏」以外のすべての行も本質的には廃捨した聖道門と同じような価値しかないとした。（奪釈）

法然は第四段の後半において、「念仏」と「諸行（浄土門の念仏以外の全ての行と聖道門の行）」の関係を、廃立・助正・傍正の三通りの立場で論じた。初めの廃立論は、末世の衆生は本願の念仏でしか救われないから、法然は廃立の立場をとると宣言した。二番目の助正論において、諸行が念仏を助成する様式に二つあっ

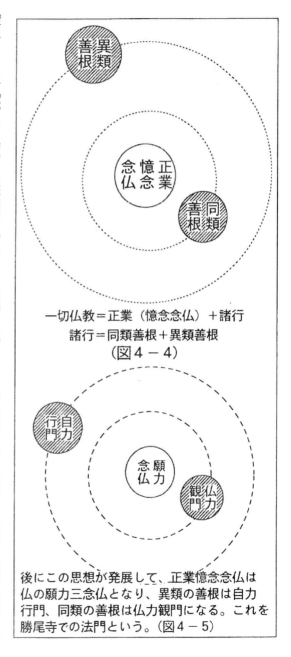

て、「同類の善根」と「異類の善根」が念仏を助成すると説いた。そして法然はこの第四段では、「同類の善根」だけを説いて、「異類の善根」については解説しなかった。三番目の傍正論では「念仏」にも「諸行」にも三品があるとした。これは全仏教には㈠念仏往生と、㈡一応理論的には諸行往生の可能性の二つがあると認めたことを意味する。

第四段は最も重要なところである。第四段私釈の「同類の善根」と「異類の善根」と「念仏」の関係は後に「行門・観門・弘願」の三門に発展する教判論の要であるから少し詳しく論じる。

法然は『選択集』の第四章私釈段（助正義）において、諸行（念仏以外のすべての行）は「同類の善根」と「異類の善根」の二つに分けられると述べた。そして「同類の善根」について詳しく説いたが、「異類の善根」については名前を挙げただけで解説しなかった。その理由が解らないために、法然の直弟時代から既に混乱を生じ、「次異類助成者」の六字を挿入した『選択集』が流布し始めたのである。

書誌学的に正しい『選択集』に「次異類助成者」の六字はない。（書誌学的証明）

また『選択集』の流伝史を調べると、鎮西義の記主・良忠上人は『選択集』にこの六字はないけれども、解釈するときは入れて理解すべしと主張し、江戸時代の義山はそれを承けて六字を入れた『選択集』を出版した。（教理史的証明）

以上の書誌学的証明と教理史的証明の二点から本来、『選択集』にこの六字はなかったことが証明されるが、もう一つ論理的証明が必要である。

論理的証明とは、『選択集』の論旨の展開を研究して、『選択集』の論理構造上この六字があってはならないということを証明することである。この論理的証明を加えた三つの証明を揃えることによって初めて完璧に「次異類助成者」の六字が本来の『選択集』にはなく、後世の衍文であることがはっきりする。

それでは「次異類助成者」の六字があってはならないという論理的証明を試みる。

㈠『選択集』は「本」（初段～八段）と「末」（第九～十六段）という二つの大綱から構成されている。

「本」においては、あらゆる仏道修行（諸行）の中で、すべての末代の衆生が救われる行は念仏の一行だけであることを論証し、念仏以外の行は凡夫を救うことはできないと批判してゆく論述である。従って、念仏以外の諸行を再び肯定する論述は第九章以下の「末」で行われるべきで、「本」の第四段にはないはずである。

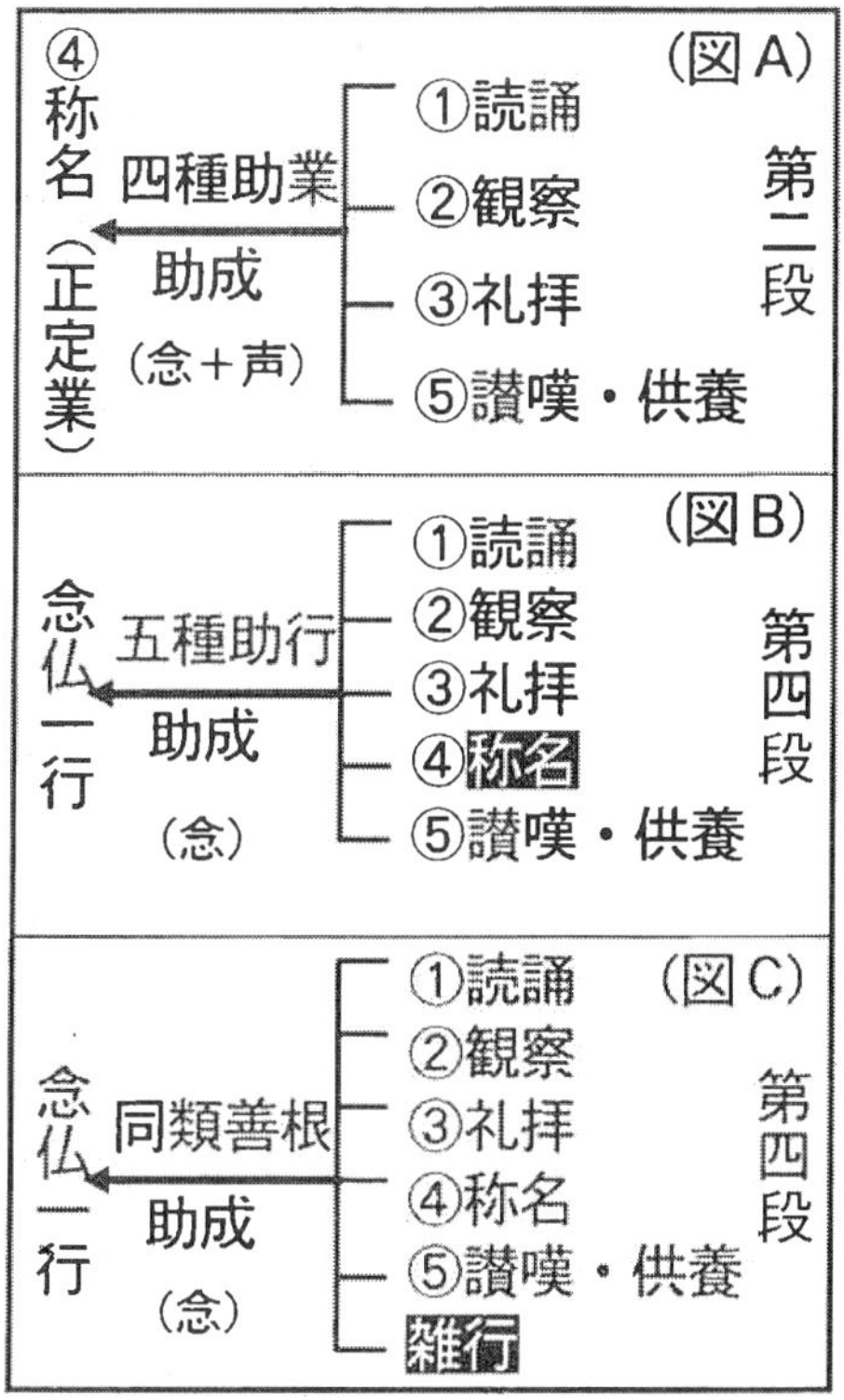

助正義の同類の善根とは、五種の助行と『無量寿経』の三輩段に説かれた出家・発菩提心、起立塔像などの雑行を一括したものである（図C）。出家・発菩提心は念仏に入るためのきっかけであり、出発点になることを意味する。従って出家・発菩提心などの行（雑行）は、あくまで念仏を行ずるための手段であって、往生の原因になるのではなく、念仏することが往生の原因である。

逆に異類の善根とは、念仏往生を目的としない行であるけれども、結局、何らかのかたちで浄土門あるいは念仏につながる行といえる。

法然は善導の意によって廃立の立場を採用したのであるから、念仏往生の立場でない「異類の善根」を認める筈はない。従って「本」の第四段においては「異類の善根」の名目を挙げただけで説かなかったといえる。

(二)具体的に法然の論述を見ると、《初めの同類の助成といっぱ、善導和尚の『観経の疏』の中に、五種の助行を挙げて念仏の一行を助成する、是れなり。具に上の正雑二行の中に説くが如し。》と述べている。

法然は第二段で論じたように、①読誦②観察③礼拝⑤讃嘆供養の四種の助業が④称名(正定業)を助ける(図A)ように、五種の助行(①読誦②観察③礼拝④称名⑤讃嘆供養)が憶念の念仏を助ける(図B)関係を助成というと定義した。それと同じ関係を「同類の助成」という。「同類の助成」とは念仏と同類の善根の関係、あるいは同類の善根の念仏に対する働き(機能)を規定する言葉であり、「同類の善根」とは、同類の助成をする諸行の名前である(図C)。だから「同類の善根」と「五種の助行」は同じものではない。ただ同類の善根が念仏に働く機能は、五種の助行が念仏に対する働きと同じであると説いただけである。

3 第四段と第十二段の接続

第四段と第十二段は論述の上で連続している。そのことは次のように、第四段の最後と第十二段の最初を並べてみると判る。

（第四段の最後部分）

問ふて曰はく、三輩の業、皆念仏と云ふこと、其の義、然るべし。但し『観経』の九品と『寿経』の三輩とは、本是《もとこ》れ開合の異《い》なり。若し尓《しか》らば、何ぞ『寿経』の三輩の中には皆「念仏」と云ひ、『観経』の九品に至りて上・中の二品には念仏を説かず、下品に至りて始めて念仏を説くや。

答へて曰はく、此れに二の義有り。

一には、問端《もんたん》に云ふが如く、『双巻』の三輩と『観経』の九品と開合の異ならば、此れを以て知るべし、九品の中に皆念仏有るべしということを。云何《いかん》が知ることを得《う》るとならば、三輩の中に皆念仏有り。九品の中に盍《いかん》ぞ念仏無からむや。故《かるがゆえ》に、『往生要集』に云はく、「問ふ、念仏の行は、九品の中に於て是れ何れの品の摂《せふ》ぞや。答ふ、若し説のごとく行ぜば、理《ことわり》上上に当れり。是くの如く、其の勝劣に随ふて九品を分つべし。然るに『経』に説く所の九品の行業は、是れ一端を示す。理《ことわり》、実《じち》には無量なり」と〈已上〉。

故《かるがゆえ》に知りぬ、念仏、亦た九品に通ずべしといふことを。

二には、『観経』の意《こころ》、初めには広く定散の行を説きて普く衆機に逗《とう》じ、後には定散二善を廃して念仏一行に帰せしむ。所謂《いわゆ》る「汝好く是の語を持《たも》て」等の文、是れなり。其の義、下《しも》に具《つぶさ》に述ぶるが如し。故に知りぬ、九品の行、唯だ念仏に在りといふことを。

（以上、第四段終わり）

（以下、第十二段始め）

『観無量寿経』に云はく、「仏、阿難に告げたまはく、汝《なんじ》好《よ》く是の語を持《たも》て。是の語を持《たも》てといは、即ち是れ無量寿仏の名《みな》を持てとなり」と。

同経の『疏』に云はく、「仏、阿難に告げたまはく、【汝好く是の語を持て】」といふより以下《いげ》は、正しく弥陀の名号を付属して遐代《かだい》に流通することを明かす。上来《かみよりこのかた》、定散両門の益を説くと雖も、仏の本

一切仏教＝憶念の念仏＋諸行
（第四段）

一切仏教＝称名念仏＋定散二善
（第十二段）

故に

憶念の念仏＋諸行＝称名念仏＋定散二善

称名念仏＝憶念の念仏＋称名

故に

諸行＝称名＋定散二善

書き換えると

定散二善＝諸行－称名

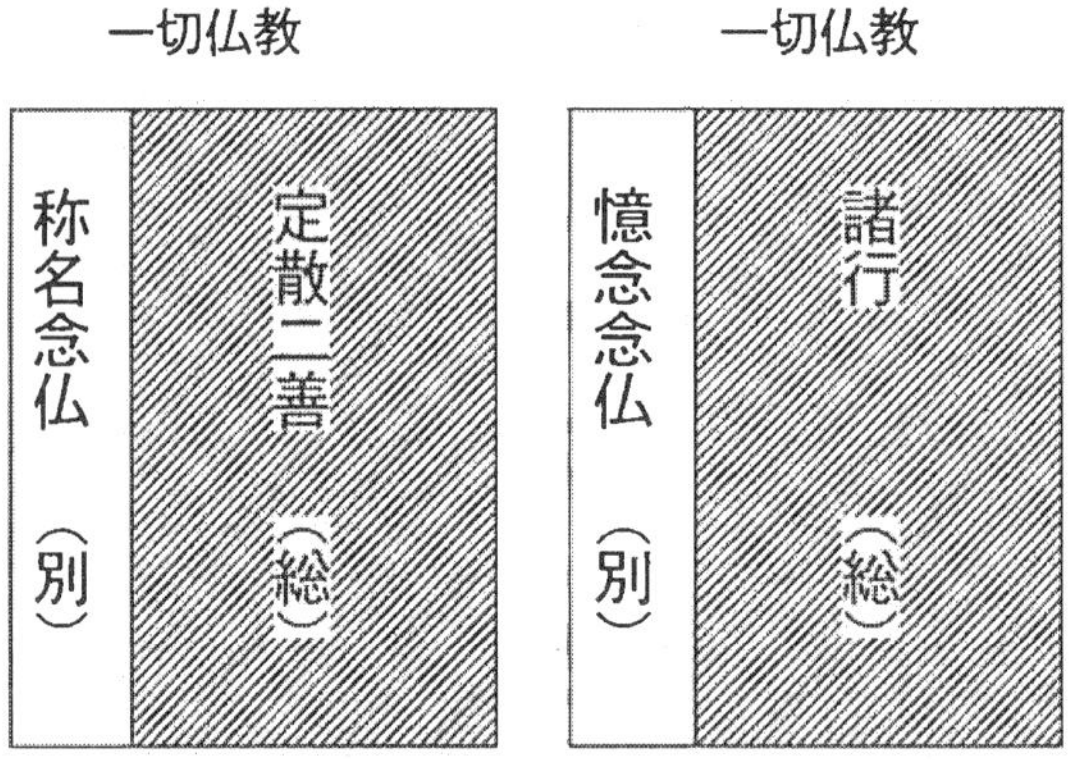

（図4－6）

願に望むれば、意《こころ》、衆生をして一向に専ら弥陀仏の名を称せしむるに在り」と。

私に云く、『疏』の文を案ずるに二行有り。一には定散、二には念仏なり。

初めに定散と言《い》は、又、分《わか》ちて二と為《す》。一には定善、二には散善なり。

初めに定善に付きて、其の十三有り。一には日想観、二には水想観、三には地想観、四には宝樹観、五には宝池観、六には宝楼閣観、七には花座観、八には像想観、九には阿弥陀仏観、十には観音観、十一には勢至観、十二には普往生観、十三には雑想観なり。具には『経』に説くが如し。縦《たと》ひ余行無しと雖も、或ひは一、或ひは多、其の堪えむ所に随ひて十三観を修して往生することを得べし。其の旨、『経』に見えたり。敢へて疑慮すること莫れ。

次に散善に付きて二有り。一には三福、二には九品なり。……（以下、略）

右に掲げたように、明らかに第四段と第十二段は連続している。それなのに第五段から第十一段までの七段の隔てがある。その訳は最初に述べたように、『選択集』は奪門と与門の二門に別れているからである。（図0）すなわち奪門においては、すべての末代の衆生が救われる契機としての念仏の一行のみを選び出し、念仏以外のすべての行の価値を否定する。一方、与門ではその否定された諸行に一定の功徳があることを認める。そして念仏にはそれぞれの功徳よりも、より優れたより大きい功徳があると説く。

また第四段は「憶念の念仏」と「諸行」の関係を論じ、第十二段は「称名念仏」と「定散二善」の関係を論じている。そうして、第四段において「憶念の念仏」と「諸行」の和集合は「一切仏教」であり、第十二段において「称名念仏」と「定散二善」の和集合が「一切仏教」になるのだから、「憶念の念仏」＋「諸行」

＝「称名念仏」＋「定散二善」という方程式が成立する。（図4―6）
このことは第十二段で解説する。

第五段　念仏利益の文

『無量寿経』の下に云はく、「仏、弥勒に語りたまはく、「其れ、彼の仏の名号を聞くことを得て、歓喜踊躍して乃至一念すること有らむ。当に知るべし、此の人は大利を得《う》と為《す》。則ち是れ無上の功徳を具足するなり」」と。

善導の『礼讃』に云はく、「其《そ》れ、彼の弥陀仏の名号を聞くことを得て、歓喜して一念するに至ること有らば、皆、当《まさ》に彼《かしこ》に生ずることを得べし」と。

今、此《ここ》に「一念」と言《い》は、是れ上の念仏の願成就の中に言ふ所の「一念」と、下輩の中に明かす所の「一念」とを指すなり。願成就の文の中に「一念」と云ふと雖も、未だ功徳の大利を説かず。又、下輩の文の中に「一念」と云ふと雖も、亦た功徳の大利を説かず。此の「一念」に至りて、説きて「大利」と為《し》、歎じて「無上」と為《せ》り。当に知るべし、是れ上《かみ》の「一念」を指すなり。

法然はここで「一念」の大利を説いているが、明らかにこの「一念」は「称名という行」のことではない。「念仏の願成就の中の一念」と「下品中生の聞名往生の一念」のことである。この第五段は第四段の内容すなわち、「念仏とはつき詰めて言えば、仏の名を称えることではなく、仏を憶念することである」ということを、『無量寿経』と『観経』によって証明し、補説したものである。すなわち第五段全体が法然の奪釈を仏が裏付けていることを明かしたものである。

私に問ふて曰はく、上《かみ》の三輩の文に准ずるに、念仏の外に菩提心等の功徳を挙げたり。何ぞ彼等の功徳を歎ぜずして、唯だ独り念仏の功徳を讃《ほ》むるや。

答へて曰はく、聖意《しょうい》測り難し、定めて深き意《こころ》有らむか。且く善導の一意に依りて、而《しか》も之を謂はば、原《たずねみ》れば夫《そ》れ仏意は正直《しょうじき》に唯だ念仏の行を説かむと欲《おぼ》すと雖も、機に随ふて一往、菩提心等の諸行を説きて、三輩浅深の不同を分別《ふんべつ》す。

然るに今、諸行に於ては既に捨てて歎《たん》ぜず。置いて論ずべからざる者なり。唯だ念仏の一行に就きて、既に選びて讃歎したまふ。思ふて分別すべき者なり。

法然は第五段の右の所までは、「念仏」と「諸行」を論じているが、その続きの左に掲げた文（第五段の最後）に到って、「念仏」と「余行」を論じている。このことは第四段と第五段の論旨は、念仏を「憶念の念仏」として論じているが、第六段以降は「念仏」を「称名念仏」として論じるぞ、と予告する伏線なのである。（図5—2）

念仏の価値≫諸行の価値

（図5－1）

称名念仏の価値≫余行の価値

（図5－2）

若し念仏に約して三輩を分別せば、此れに二の意《こころ》有り。一には、観念の浅深に随ふて之を分別し、二には、念仏の多少を以て之を分別す。又、「無上の功徳」といは、是れ有上《うじょう》に対する言《ことば》なり。余行を以て有上と為《し》、念仏を以て無上と為《す》。既に一念を以て一無上と為《す》。当に知るべし、十念を以て十無上と為《し》、又、百念を以て百無上と為《し》、又、千念を以て千無上と為《す》といふことを。是くの如く展転して、少より多に至る。念仏恒沙なれば、無上の功徳、復た恒沙なるべし。是くのごとく知るべし。然れば、諸の往生を願求せむ人、何ぞ無上大利の念仏を廃して、強《あなが》ちに有上小利の余行を修せむや。

（以上第五段終り）

また法然は念仏と諸行にそれぞれ三品を分けることができると論じた。このことは第四段の廃立・助正・傍正の中の「傍正」を詳しく説明したように見えるが、法然は「然るに今、諸行に於ては既に捨てて歎《たん》ぜず。置いて論ずべからざる者なり。唯だ念仏の一行に就きて、既に選びて讃歎したまふ。思ふて分別すべき者なり。」といっているから、廃立の立場で念仏の価値を強調したと理解すべきである。

第六段　末法万年の後、余行悉く滅して、特《ひと》り念仏を留めたまふ文

法然は第六段において「同類の善根」ではなく、「余行」という名目を再び使用し、そのことによってさりげなく念仏を称名念仏（図3―3）という概念に戻している。その証拠に法然は、

念仏の永遠性≫諸行の永遠性

（図６－１）

例せば、彼の『観無量寿経』の中に定散の行を付属せずして、唯《た》だ孤《ひと》り念仏の行を付属したまふが如し。是れ即ち、彼の仏の願に順ずるが故に、念仏の一行を付属す。

と述べている。『観経』の念仏付属は「汝好持是語、持是語者即是持無量寿仏名」であるから、明らかに称名念仏である。

第六段では、奪釈の結果、遺されたただ一つの行としての「称名念仏」が、末法万年の後にも衆生を救う道として留められているということを説いたものである。釈尊が説かれた『無量寿経』によってこの解釈が保証されていることを意味する。第六段は明らかに「廃立」の立場で説かれたものである。（図６―１）

なぜ法然がただ第四段と五段だけで、チラリと念仏の本質は「憶念」であると述べて、第六段以下では、念仏とは口称の称名念仏であることを一貫して説いているかというと、法然は仏道とは実践であって思惟哲学ではないから、称名という実践行を廃さなかったのである。

第七段　弥陀の光明、余行の者を照らさずして唯だ念仏の行者を摂取したまふ文

ただ能《よ》く回向すれば、皆往生することを得。何を以てか、仏の光普く照らすに、唯だ念仏の者をのみ

摂したまふ、何の意《こころ》か有るや。

答へて曰はく、此れに三の義有り。一には親縁《しんえん》を明かす。衆生、行を起して口に常に仏を称すれば、仏、即ち之を聞きたまふ。身に常に仏を礼敬すれば、仏、即ち之を見たまふ。心に常に仏を念ずれば、仏、即ち之を知りたまふ。衆生、仏を憶念すれば、仏、亦《ま》た衆生を憶念したまふ。彼此《ひし》の三業・相《あ》ひ捨離せず。故《かるがゆえ》に親縁と名《なづ》く。

二には近縁《ごんえん》を明かす。衆生、仏を見たてまつらむと願ずれば、仏即ち念に応じて現じて目の前に在《まし》ます。故に近縁と名く。

三には増上縁《ぞうじょうえん》を明かす。衆生、称念すれば、即ち多劫の罪を除く。命終らむと欲《す》る時、仏、聖聚と自《みずか》ら来りて迎接したまふ。諸の邪業繋《じゃごふけ》、能く碍《さ》ふる者無し。故に増上縁と名《なづ》く。


同じく第七段においても、阿弥陀如来の光明がただ称名念仏の行者だけを照らすということは、阿弥陀如来によって法然の奪釈が保証されていることを意味する。称名念仏以外の行の価値は否定されているからである。従って第七段も「廃立」の立場で説かれている。

法然は第七段の私釈において、「余行は本願に非ざるが故に之を照摂せず。念仏は是れ本願なるが故に、之を照摂したまふ」と説き、「又、引く所の文の中に言はく、『自余の衆善、是れ善と名くと雖も、若し念仏に比《なら》ぶれば、全く比校《ひきょう》に非ず』と。意《こころ》の云はく、是れ浄土門の諸行に約して比論する所なり」と説いた。このことは法然が「余行」は「浄土門の諸行」であると定義したのである。そうすると「浄土門の諸行」という概念に対して「聖道門の諸行」という概念が存在することになる。これを方程式で表わすと、（図7―1）

になる。

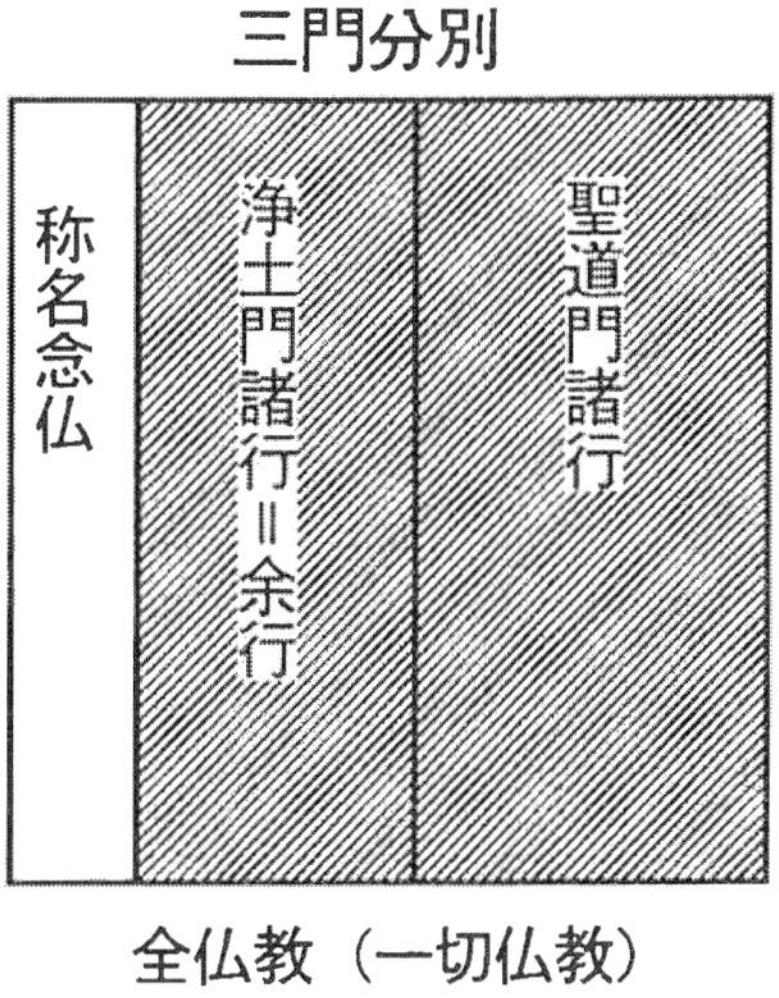

（図７－１）

（方程式７－１）
浄土門＝称名念仏＋余行

（方程式７－２）
浄土門諸行＝余行

（方程式７－３）
聖道門＝聖道門の諸行

以上の概観によって第五・六・七段は、第三段から第四段にかけて最も深められた法然の奪釈が釈尊と阿弥陀如来によって保証され、証明されていることを明らかにした論述であることが解る。

第一段から第七段まではすべて「奪門」の立場で論じられていることが解る。この第七段をもって「奪門」は終わり、第八段から「与門」が始まる。そして第一段から第八段までが前半「本」であり、二尊教（弥陀教・釈迦教）の「弥陀教」に当たる。

第八段　念仏の行者、必ず三心を具足すべき文

『観無量寿経』に云はく、「若し衆生有りて彼の国に生ぜむと願ずる者は、三種の心を発《おこ》して即便《すなはち》往生す。何等《なんら》をか三と為《す》る。一には至誠心《しじょうしむ》、二には深心《じんしむ》、三には回向発願心《えかうほつぐわんしむ》なり。三心を具する者、必ず彼の国に生ず」と。

法然は末代の衆生でも行ずることができる称名念仏に、三心を附与して、称名念仏を豊かなものにした。ところで法然は、三心（至誠心・深心・廻向発願心）を説く場合に、「通」（浄土門と聖道門）の諸行＝定散二善＝十六観と、「別」（念仏一行）の立場があり、ここでは主として「通」の立場から説いたが、「別」も含めて説いたと第八段の私釈の最後で左のように述べている。

この三心といは、総じて之を言はば、諸《もろもろ》の行法（諸行の法）に通ず。別して之を言はば、往生の行にあり。今、通を挙げて別を摂す。意《こころ》即ち周《あまね》し。行者、よく用心して、敢へて忽緒《いるがせ》にせしむること勿《なか》れ。

「総じて之を言はば、諸行法に通ず」とは、三心は一切仏教に共通するものであることを説いている。「通を挙げて別を摂す」というのは、通（浄土門と聖道門）の仏道修行において、三心を不可欠であると説いたが、別（念仏行）においても全く同じことであることに注意を促したものである。「意、即ち周《あまね》し」とは、

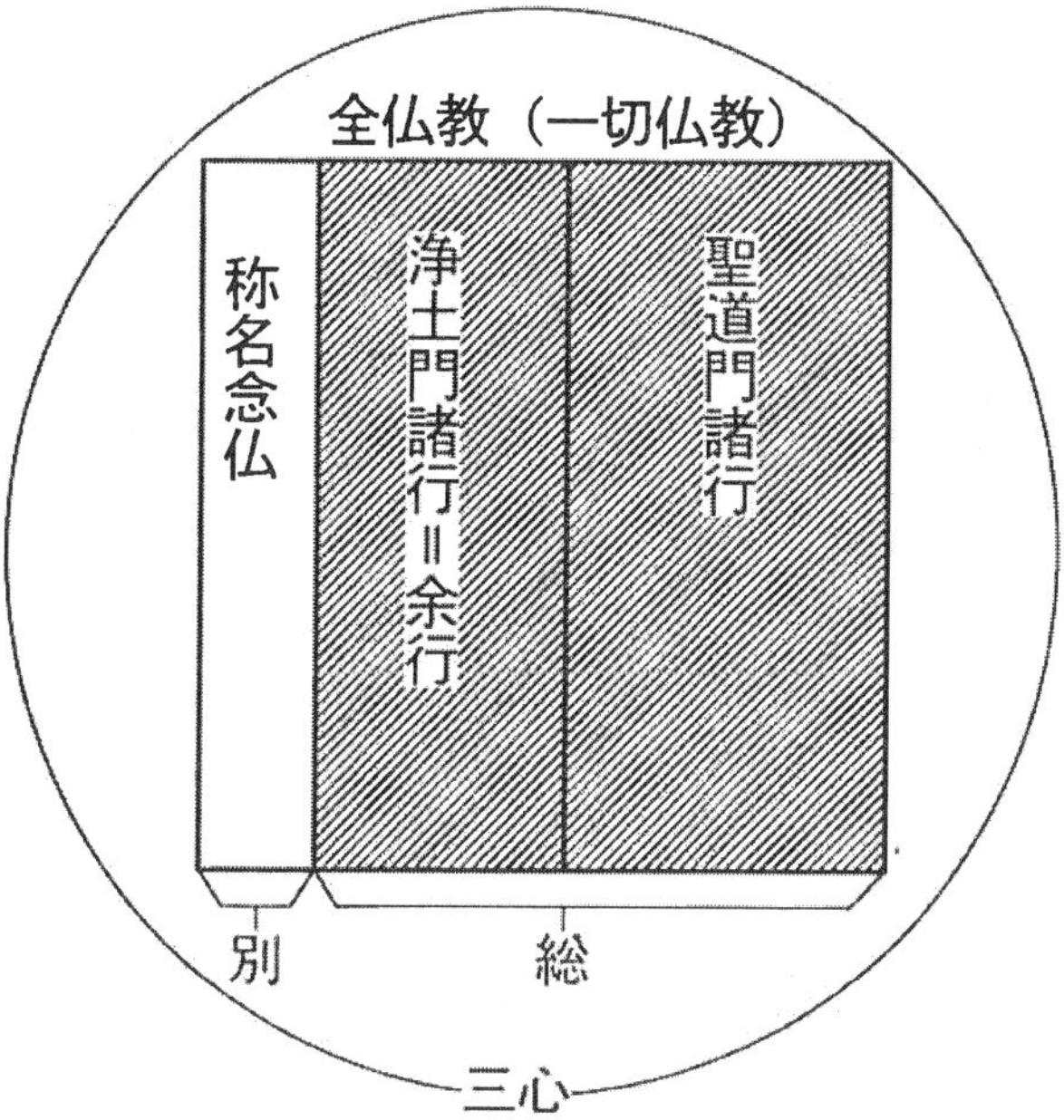
全仏教（一切仏教）
称名念仏
浄土門諸行＝余行
聖道門諸行
別
総
三心

通＝総＋別

別⊂通

（図８－１）

広義の意味で論じたということである。すなわち聖道門と浄土門の諸行を実践するに当たって三心が必要であるが、念仏行においても三心を持たなければならないと説いた（図8―1）。

この第八段から法然は与釈に入った。すなわち念仏（念十声）が末代の衆生に仏から与えられた唯一の行であり、そして念仏行には三心が不可欠であることを強調した。法然が第八章の終わりでこのことを述べたというのは、第八章から与門が始まると知らせているのである。（図8―2）

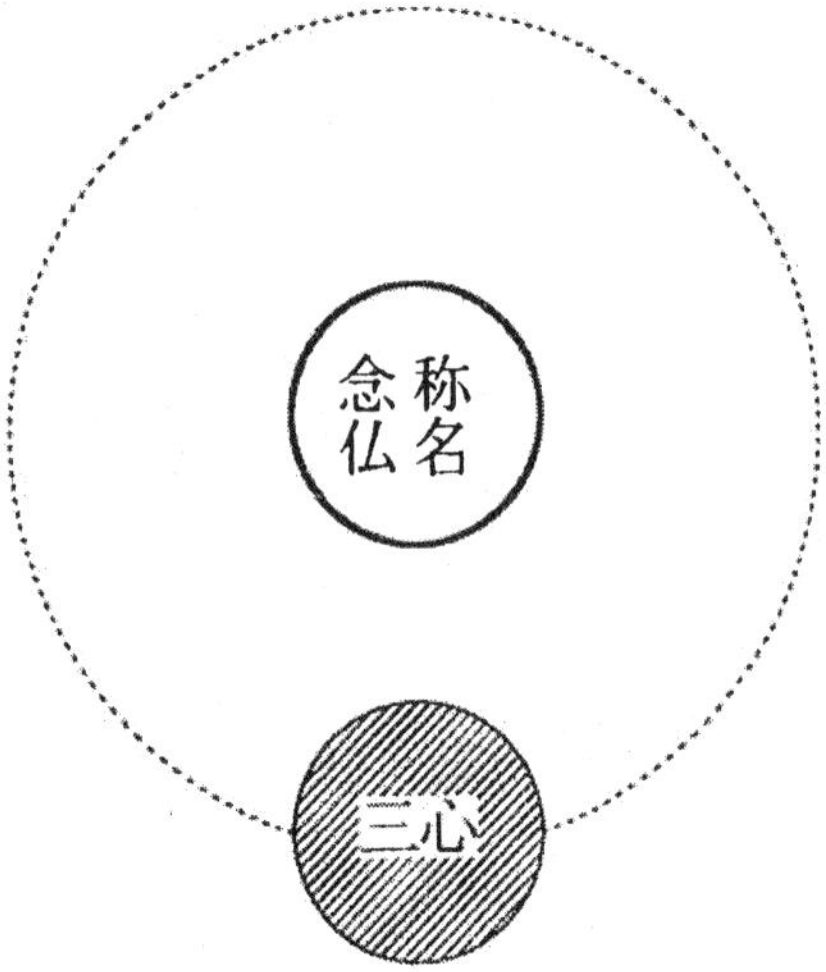

（図8－2）

4 前半「本」の意図

法然が安心（阿弥陀如来の教え）を先に著述した意図は次の事項に要約される。

㈠釈尊から遠く隔たった末代の我々衆生が実践できて救われる「行」は「念仏の一行」だけである。

㈡その念仏の本質は仏の大慈悲を念ずることである。

㈢法然は初段から第七段の奪門を善導大師の意によって、廃立の立場で論じた。

㈣法然は前半の「本」の最後の第八段において、「三心」という信仰心が念仏行に不可欠であると説いた。

四、釈迦如来の教え（与門）

第九段　念仏の行者、四修《ししゅ》の法を行用《ぎやうよう》すべき文

法然上人はここで、善導大師の『往生礼讃』を引いて、念仏に四修を付与した。

恭敬修、無余修、無間修、長時修をもって念仏せよということは、「所謂《いわゆ》る彼の仏及び彼の一切の聖衆等を恭敬礼拝す。」「所謂る専ら彼の仏の名《みな》を称して専念・専想し、専ら彼の仏及び一切の聖衆等を礼讃して余業を雑《まじ》へず。」「所謂る相続して恭敬・礼拝・称名・讃歎・憶念・観察・回向発願して、心々相続して余業を以《も》て来し間《まじ》へず。故に無間修と名く。又、貪瞋煩悩を以て来し間《まじ》へず。随ふて犯すに随ふて懺《さん》じて、念を隔て時を隔て日を隔てず。常に清浄ならしむるを、亦た無間修と名く」ということである。これは②観察、③礼拝、④称名、⑤讃嘆・供養であり、先の正行に対応していることがわかる。④の「称名」は中心の称名念仏である。つまり、第二段で切り捨てた四つの助業のうち②観察、③礼拝、⑤讃嘆供養を、④称名念仏を中心に意義を付け直して再構成したことになる（図9―1）。これは与釈である。

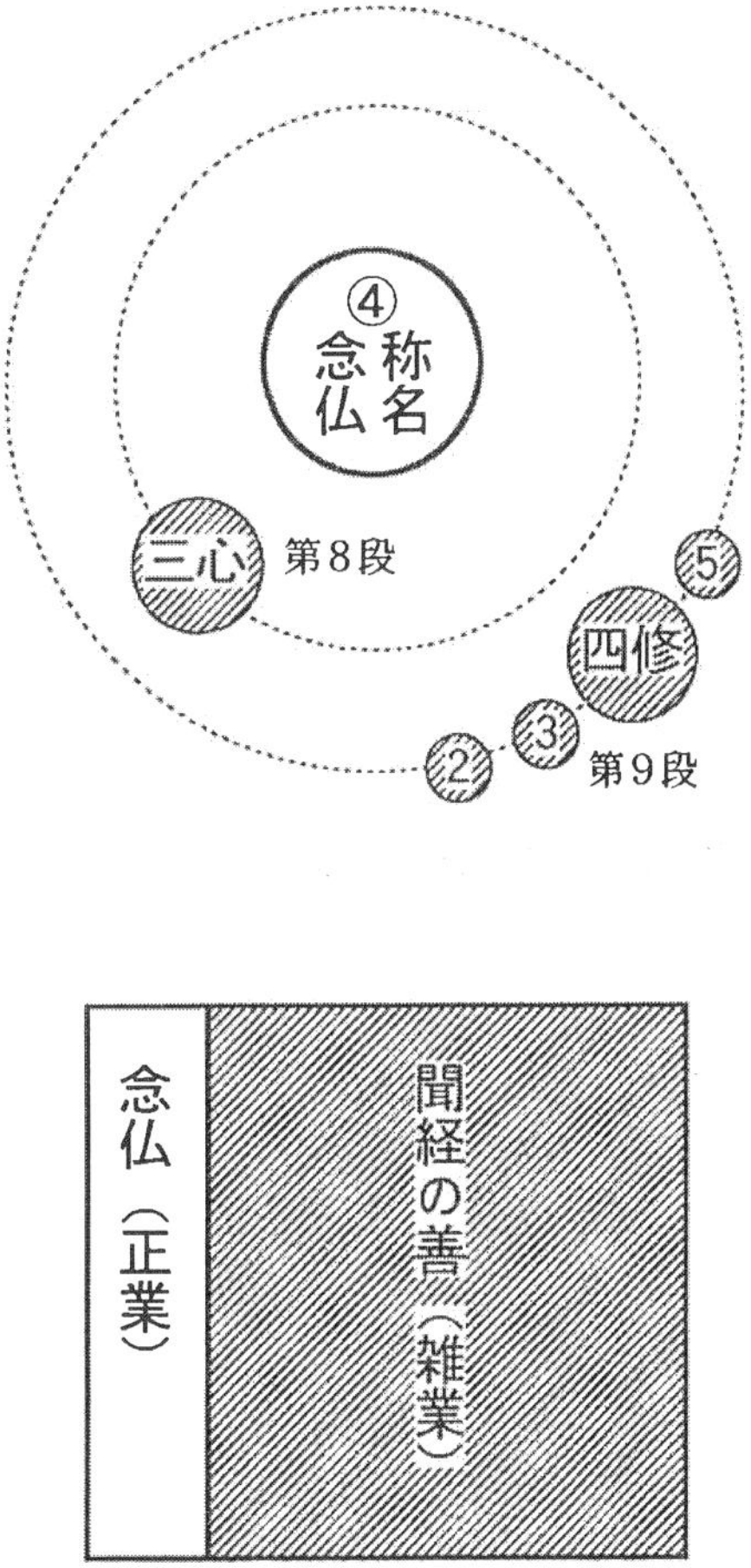

（図9－1）

第十段　弥陀の化仏、来迎して聞経《もんぎやう》の善を讃歎せずして唯だ念仏の行を讃歎する文

『観無量寿経』に云《のたま》はく、「或ひは衆生有りて衆《もろもろ》の悪業を作りて、方等経典《ほうどうきやうでん》を誹謗せずと雖も、此くの如き愚人、多く衆悪を造りて慚愧有ること無し。命終《おは》らむと欲《す》る時、善知識、為に大乗の十二部経の首題の名字を讃《ほ》むるに遇はむ。是《か》くの如きの諸経の名を聞くを以ての故に、千劫の極重悪業を除却す。智者、復《ま》た教へて合掌・叉手して南無阿弥陀仏と称せしむ。仏の名《みな》を称するが故に、五十億劫の生死の罪

を除く。尓《そ》の時に彼の仏、即ち化仏・化観世音・化大勢至を遣《つか》はして行者の前に至らしめて、讃めて言《い》はく、「善男子、汝、仏の名を称するが故に諸罪消滅《せうめつ》すれば、我来りて汝を迎ふ」」と。

法然は第十段において、仏の名を称する「称名」と「聞経」の善とを比較し、「称名念仏」は単に阿弥陀仏によって救われるだけでなく、「五十億劫の生死の罪」が除かれるから「聞経」よりも功徳が大である、としている。つまり「聞経」にも「千劫の極重悪業」は除く効能があるけれども、「称名念仏」の功徳の方が遥かに大であると意義付けをしていることになる。

「聞経」は第九段には含まれなかった残り一つの「正行」である①読誦正行に通じているから、その有意義性を再建しているのである（図10―1）。したがってこれも与釈だといえる。①読誦②観察③礼拝⑤讃嘆供養は助業であるから（図2―2参照）、図10―1を書き換えると図10―2になる。

私に云はく、聞経の善は、是れ本願に非ず。雑業なるが故に化仏讃ぜず。念仏の行は是れ本願なり。正業なるが故に、化仏讃歎したまふ。加之《しかのみならず》、聞経と念仏と、滅罪の多少不同なり。

法然は、「念仏の行」は本願であるから「正業」であり、「聞経の善」は本願でなく、「雑業」であるとした。

「聞経」とは念仏以外の「全仏教」を意味するから、「諸行」のことでもある。すなわち念仏以外のあらゆる行は往生のためには「雑業」であり、念仏だけが「正業」である。

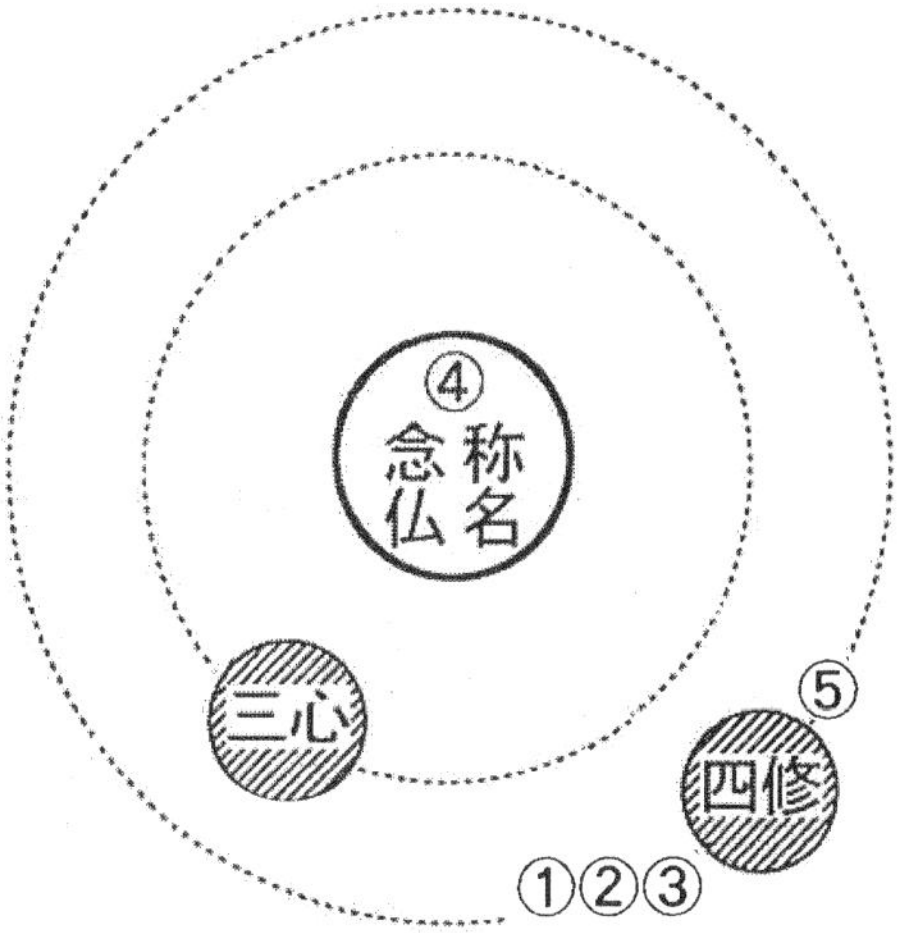

（図10－1）

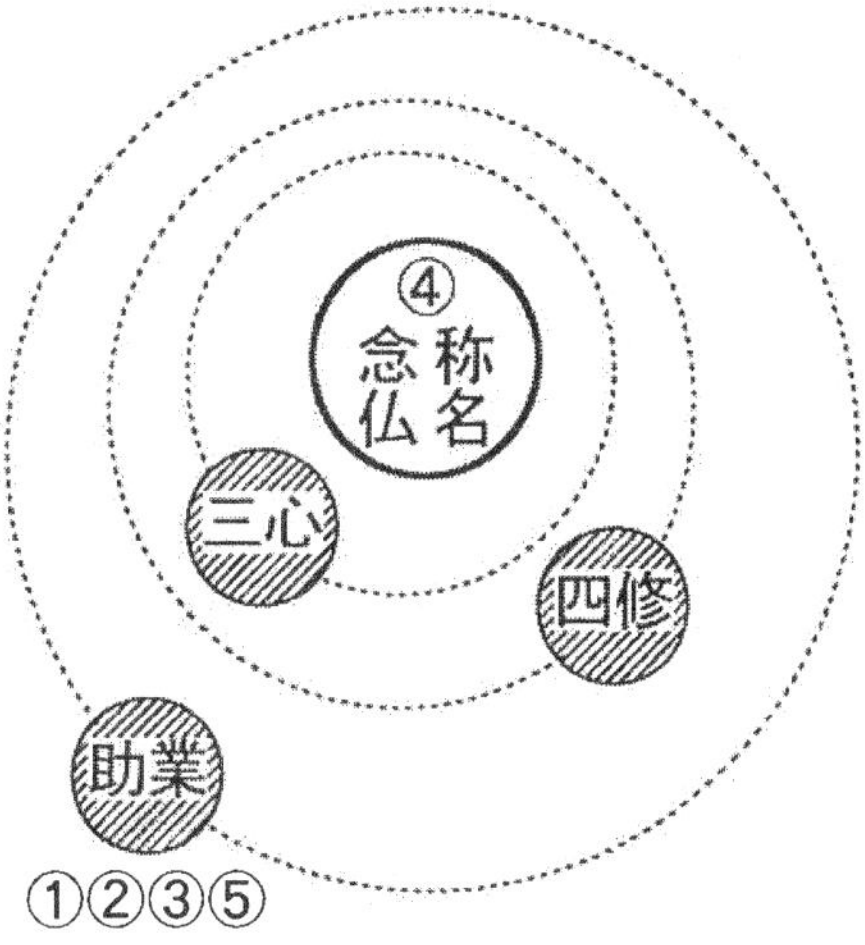

（図10－2）

（方程式10）
称名念仏＝正業
聞経之善＝雑業

第十段は特に善根について論じている。

第十一段　雑善に約対して念仏を讃歎する文

『観無量寿経』に云《のたま》はく、「若し念仏せむ者、当に知るべし、此の人は是れ人中《にんちう》の芬陀利華《ふんだりくゑ》なり。観世音菩薩・大勢至菩薩、其の勝友《しょうう》と為《な》りて、当に道場に坐して諸仏の家に生ずべし」と。

同じ経の『疏』に云はく、「「若し念仏せむ者」といふより、下《しも》「諸仏の家に生ずべし」に至る已来《このかた》は、正《まさ》しく念仏三昧の功能、超絶して実《じつ》に雑善を比類と為《す》ることを得るに非ざることを顕はす。即ち其の五有り。

（中略）

私に問ふて曰はく、『経』には、「若し仏を念ぜむ者、当に知るべし、此の人」と等云《らい》ふて、唯だ念仏の者に約して之を讃歎せり。釈の家、何の意有りてか、「実に雑善を比類と為ることを得るに非ず」と云ひて、雑善に相対して独り念仏を歎ずるや。

答へて曰はく、文《もん》の中に隠れたりと雖も、義の意《こころ》、是れ明らかなり。知る所以《ゆへ》は、此の『経』に、既に定散の諸善（諸行）并《なら》びに念仏の行を説きて、而も其の中に於て孤り念仏を標《あ》げて芬陀利に喩ふ。雑善に待《たい》するに非ずは、云何《いか》が能く念仏の功の余善（余行）諸行に超えたることを顕はさむ。（中略）

問ふて曰はく、若し尓《しか》らば、下品上生は是れ十悪軽罪の人なり。何が故ぞ念仏を説くや。

答へて曰はく、念仏三昧は重罪尚滅《ぢうざいなほめつ》す。何に況や軽罪《きやうざい》をや。余行は然らず。或ひは軽を滅して重を滅せざる有り。或ひは一を消して二を消せざる有り。

念仏は然らず。軽重《きやうぢう》兼ねて滅し、一切遍く治す。譬へば阿伽陀薬《あかだやく》の遍《あまね》く一切の病を治するが如し。故《かるがゆへ》に、念仏を以て王三昧《わうざんまい》と為《す》。

法然は「此の『経』に、既に定散の諸善并《なら》びに念仏の行を説きて、而も其の中に於て孤り念仏を標《あ》げて芬陀利に喩ふ。雑善に待《たい》するに非ずは、云何《いか》が能く念仏の功の余善諸行に超えたることを顕はさむ。」として、

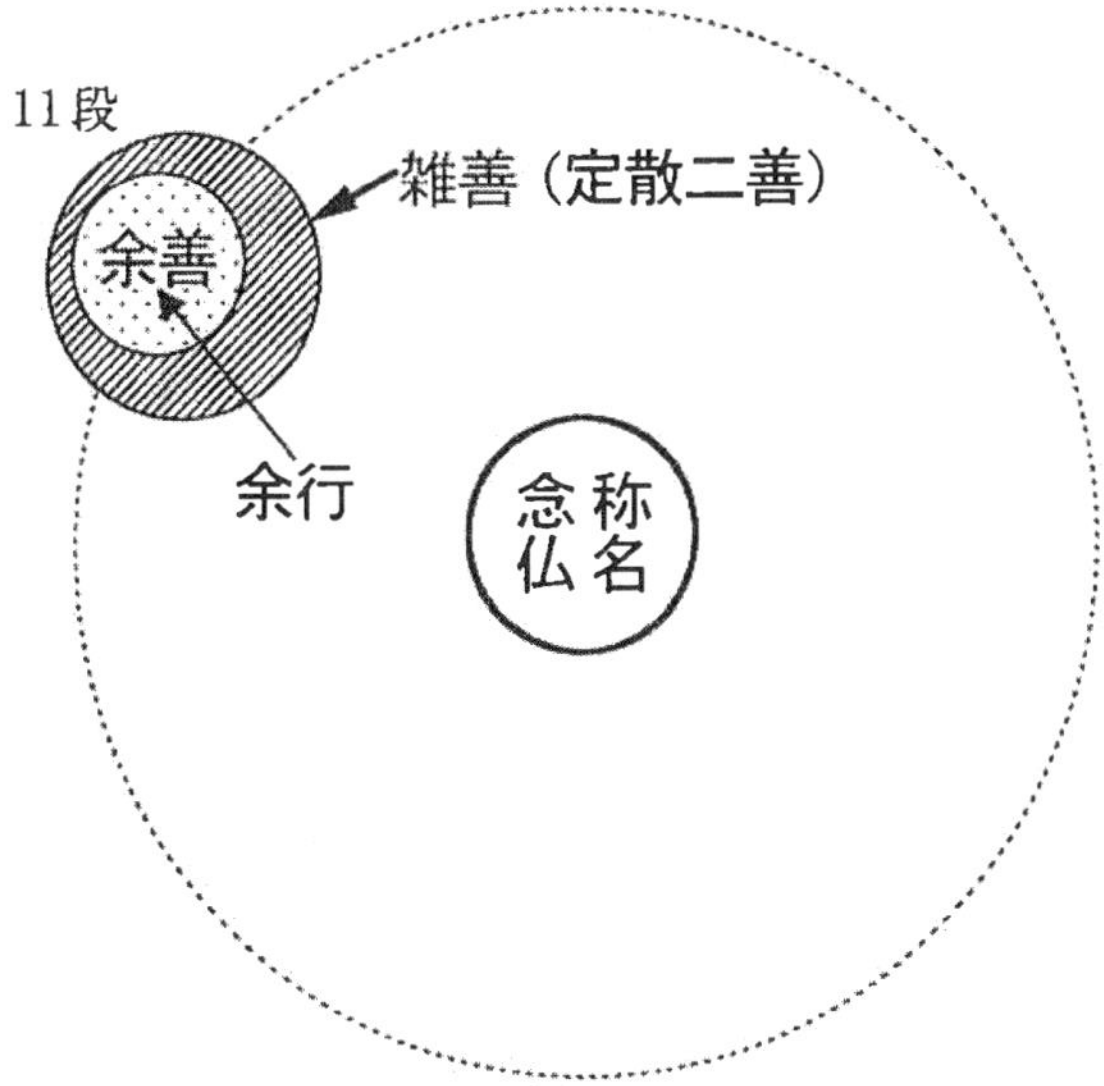

（図11－1）

（方程式11）定散二善＝雑善

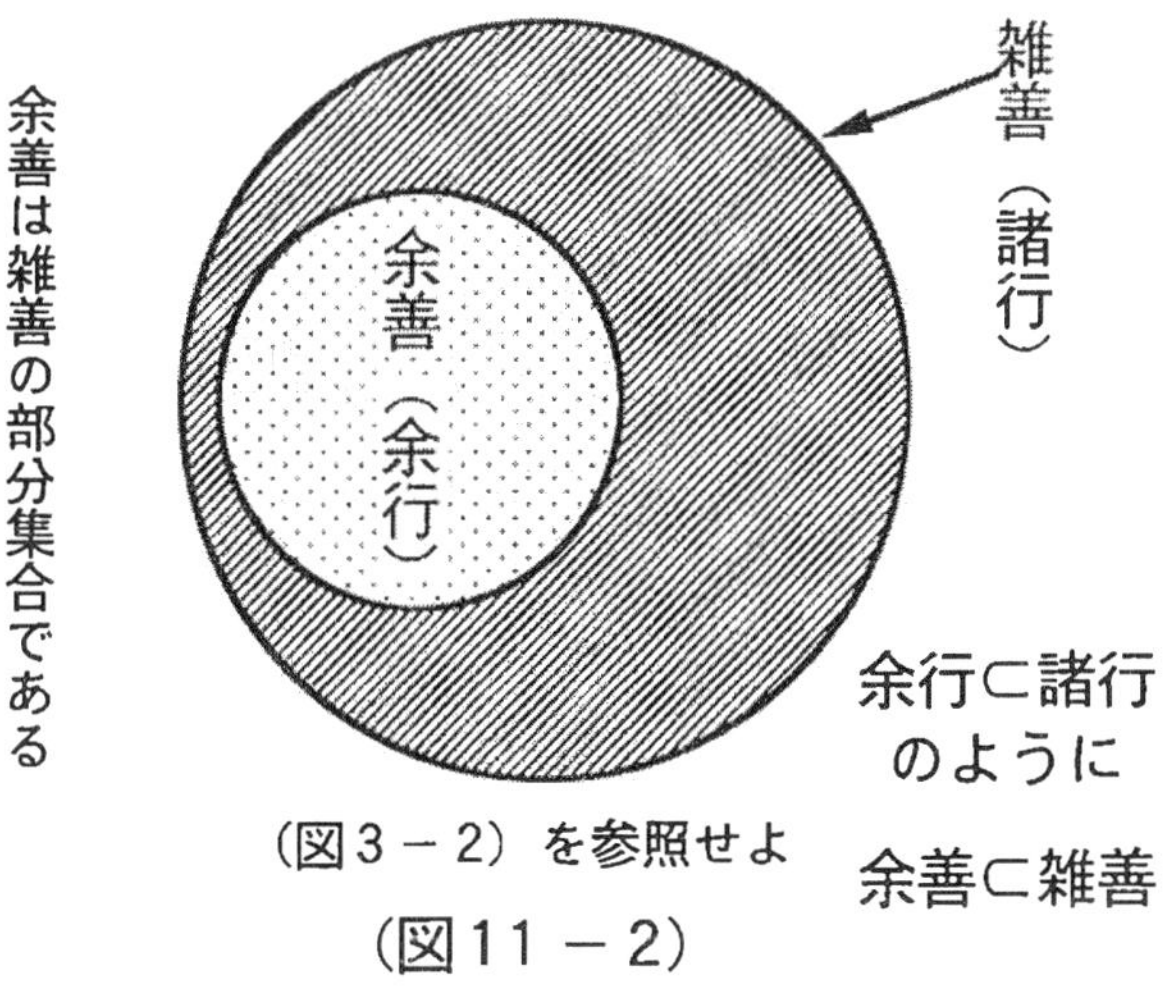

（図11－2）

「定散の諸善」を「雑善」と定義した。同時に「雑善」は「余善諸行」と定義した。このことは「余行」を「余善」と定義したことを意味するのである。すなわち「諸行の善」を「雑善」、「余行の善」を「余善」というのである。

そして「念仏」と「雑善」を比較して、「雑善＝定散二善」も軽罪なら滅することがあること、一つなら消すことができることの可能性を述べ、「定散二善」も「念仏」を中心に再び価値を与えられている。しかも念仏自身の功徳は雑善である余行よりも優れていると説いた。これを図に示すと（図11―1）になる。また、念仏する人には観音・勢至菩薩が勝友となり、念仏者は人の中の白蓮華である、と念仏の功能を説いている。第十一段も与釈である。そしてまた、善根の問題を論じている。

諸行＝諸善＝雑善

第十二段　釈尊、定散の諸行を付属せずして、唯だ念仏を以て阿難に付属したまへる文

法然はこの段では、「定散の諸行（全仏教）」が「念仏」を助成することを『観経』に当てはめて説いた。法然は第四段（奪門の教判論）の最後で、

二には、『観経』の意《こころ》、初めには広く定散の行を説きて普く衆機に逗《とう》じ、後には定散二善を廃して念仏一行に帰せしむ。所謂《いわゆる》「汝好く是の語を持《たも》て」等の文、是れなり。其の義、下《しも》に具《つぶさ》に述ぶるが如し。故に知りぬ、九品の行、唯だ念仏に在りといふことを。

と述べて、第四段の続きを「下に詳しく述べる」と述べたが、それはこの第十二段のことである。何故それが解るかというと、法然は第十二段私釈において、

私に云く、『疏』の文を案ずるに二行有り。一には定散、二には念仏なり。初めに定散と言《い》は、又、分《わか》ちて二と為《す》。一には定善、二には散善なり。初めに定善に付きて、其の十三有り。一には日想観、二には水想観、三には地想観、四には宝樹観、五には宝池観、六には宝楼閣観、七には花座観、八には像想観、九には阿弥陀仏観、十には観音観、十一には勢至観、十二には普往生観、十三には雑想観なリ。具には『経』に説くが如し。縦《たと》ひ余行無しと雖も、或ひは一、或ひは多、其の堪えむ所に随ひて十三観を修して往生することを得べし。其の旨、『経』に見えたり。敢《あ》へて疑慮《ぎりょ》すること莫れ。

と説いている。《疏の文を案ずるに二行あり、一には定散、二には念仏。》という意味は「全仏教の行」という集合は「定善＋散善」という集合と「称名念仏」という集合の和集合であるということである。

法然は続いて、左のように述べた。

次に散善に付きて二有り。一には三福、二には九品なり。初めに三福といいは、『経』に曰《のたま》はく、「一には父母に孝養し、師長に奉事し、慈心にして殺さず、十善業を修す。二には三帰を受持し、衆戒を具足して、威儀を犯さず。三には菩提心を発し、深く因果を信じ、大乗を読誦し、行者を勧進す」と〈已上経文〉。（中略）

「慈心不殺・修十善業」といいは、此に就きて二の義有り。

一には、初めに「慈心不殺」といは、是れ四無量心の中の初めの慈無量なり。即ち初めの一を挙げて後の三を摂するなり。

縦ひ余行無しと雖も、四無量心を以て往生の業と為るなり。（中略）

縦ひ余行無しと雖も、十善業を以て往生の業と為《す》るなり。（中略）

諸の往生を求むる人、各《をのをの》須く自宗の菩提心を発すべし。

縦ひ余行無しと雖も、菩提心を以て往生の業と為るなり。（中略）

縦ひ余行無しと雖も、深信因果を以て往生の業《ごふ》と為《す》べし。（中略）

願はくは西方の行者、各《をのをの》其の意楽《いげう》に随ふて、或ひは『法華』を読誦して以て往生の業と為《し》、或ひは『華厳』を読誦して以て往生の業と為《し》、或ひは『遮那』・『教王』と及以《およ》び諸尊の法等を受持・読誦して以て往生の業と為《し》、或ひは『般若』・『方等』及以《およ》び『涅槃経』等を解説《げせつ》・書写して以て往生の業と為《せ》よ。是れ則ち、浄土宗の『観無量寿経』の意なり。

法然は第四段で、左のように説いた。

一には、諸行を廃して念仏に帰せむが為に而も諸行を説くといは、善導の『観経の疏』の中に、「上来《かみよりこのかた》、定散両門の益を説くと雖も、仏の本願に望むるに、意《こころ》、衆生をして一向に専ら弥陀仏の名《みな》を称せしむるに在り」と云ふ釈の意に准《なぞら》へて且く之を解《げ》せば、上輩の中に菩提心等の余行を説くと雖も、上の本願に望むれば、意、唯《た》だ衆生をして専ら弥陀の名《みな》を称せしむるに在り。而るに本願の中には更に余行無し。

三輩共に上《かみ》の本願に依るが故に、「一向専念無量寿仏」と云ふ。

第四段の続きが第十二段であるから、第十二段で法然が「たとい余行なしといえども」と述べた意味は「たとい第十八願に余行は往生の業と認められていないけれども、（第十九願に説かれてある）余行は浄土門の諸行であるから、聖道門の行者はせめて自己の修行を往生の業としなさい。はやく聖道門を捨て浄土門に入りなさい」と聖道門の行者に呼びかけているのである。すなわち法然は「聖道門の諸行」を捨てて、「浄土門の諸行」に入れよと説いていることがわかる。つまり、与釈がさらに進んで、聖道門の諸行までが「異類の善根」として、念仏に帰する前段階として念仏を助成する役割を再評価されたのである。（図12―1）。


（方程式12－1）

一切仏教＝定散諸行＋称名念仏

（方程式12－2）

一切仏教＝念＋声＋定散諸行

（図12－1）


次に九品といは、前《さき》の三福を開して九品の業と為《す》。

謂はく、上品上生の中に「慈心不殺」と言《い》は、即ち上《かみ》の世福の中の第三の句に当れり。

次に「具諸戒行」といは、即ち上の戒福の中の第二の句の「具足衆戒」といふに当れり。次に「読誦大乗」といは、即ち上《かみ》の行福の中の第三の句の「読誦大乗」といふに当れり。

次に「修行六念」といは、即ち上の第三の福の中の第三の句の意《こころ》なり。（中略）

下品上生といは、是れ十悪の罪人なり。臨終に仏の依正の功徳を聞きて、罪滅《つみめつ》して生るることを得《う》。

下品中生といは、是れ破戒の罪人なり。臨終に仏の依正の功徳を聞きて、罪滅《つみめつ》して生るることを得《う》。

下品下生といは、是れ五逆の罪人なり。臨終の十念に罪滅して生《むま》るることを得《う》。

此の三品は、尋常《よのつね》の時、唯だ悪業をのみを造りて往生を求めずと雖も、臨終の時に始めて善知識に遇ふて即ち往生することを得《う》。若し上《かみ》の三福に准ぜば、第三の福の大乗の意なり。

定善・散善、大概《たいがい》此《か》くの如し。文に即ち「上来、定散両門の益を説くと雖も」と云ふ、是れなり。


法然は称名念仏以外の諸行も往生の業となりうるとして、広義の許容的解釈を認めた。これは明白な与釈である。法然は右のように、「次に九品とは、前の三福を開して九品の業とす」と述べて、『観経』正宗分の三輩散善の九品と序分の散善顕行縁の三福は同じものであると規定してから、「次に修行六念とは、即ち上の第三の福の中の第三の句の意なり」と述べた。この意味は、『観経』の上品上生に、

また三種の衆生ありて、まさに往生を得べし。なんらをか三となす。一つには慈心にして殺さず、もろもろの戒行を具す。二つには大乗方等経典を読誦す。三つには六念を修行して、廻向発願してかの国に生ぜんと願う。

とあることに依っている。「六念を修行する」ことは、『観経』散善顕行縁に、

一つ〔世福〕には父母に孝養し、師長に奉事し、慈心にして殺さず、十善業を修す。二つ〔戒福〕には三帰を受持し、衆戒を具足して、威儀を犯さず。三つ〔行福〕には①菩提心をおこして、②深く因果を信じ、③大乗を読誦し、④行者を勧進す。

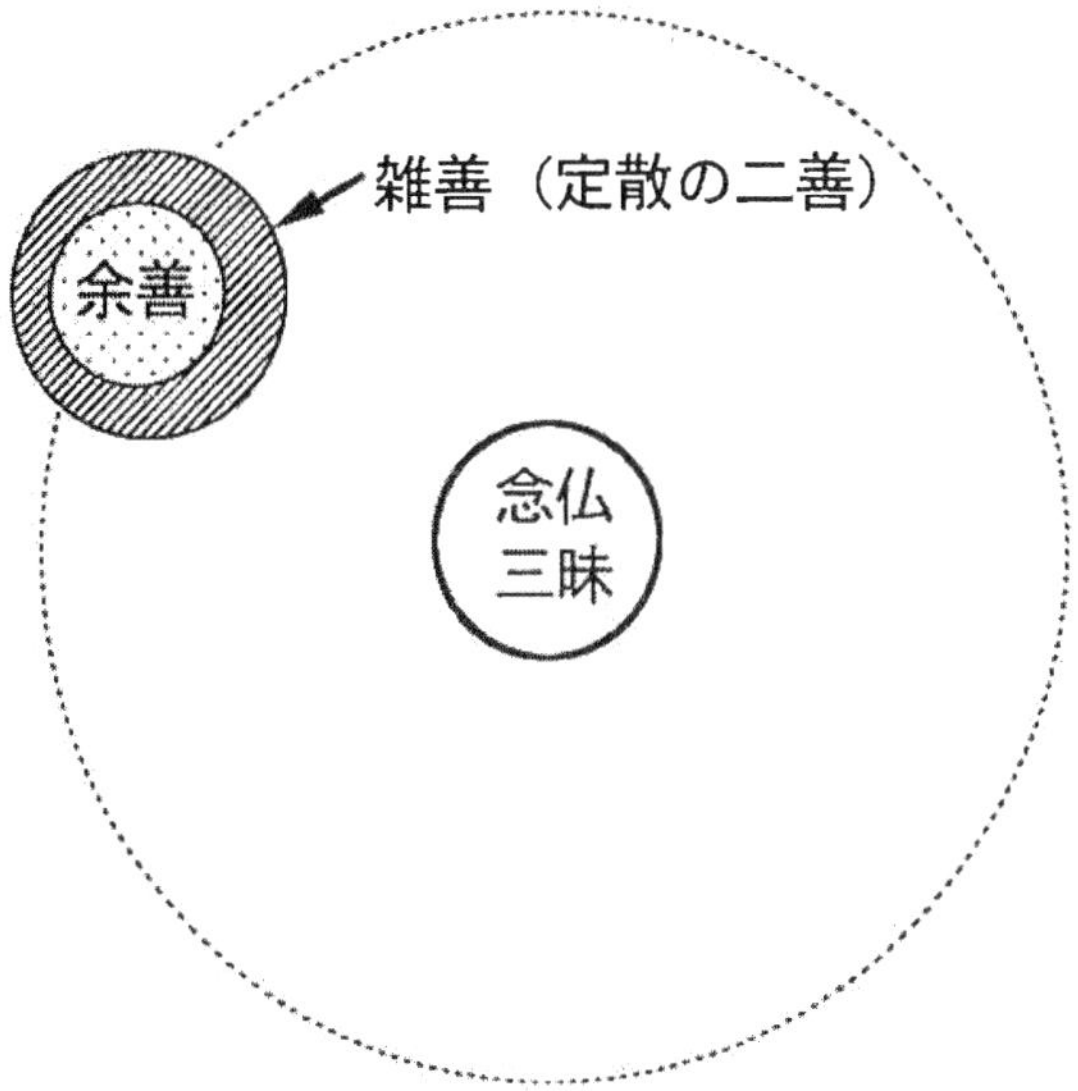

（図12－2）

（方程式12）
一切仏教＝称名念仏＋雑善

とある三福（世福・戒福・行福）の第三番目の行福の中の第三句の「大乗を読誦し」に当たるということである。六念とは、①念仏、②念法、③念僧、④念戒、⑤念捨（施）、⑥念天である。

そうすると法然は、「修行六念」とは大乗経典を読誦するという「行福」に当たると述べたのである。そして六念の中には「①念仏」がある。つまり、念仏にはお経を読むのと同じような「行福」の意義があるというのである（図12―3）。法然は下品上生、下品中生、下品下生の三品の念仏も、同じく第三福である「行福」の中の大乗経典を読むのと同じ功徳を有する散善の意義があると指摘した。これは明らかに与釈である。

結局、法然は九品は全て三福に当てはまるとした。すなわち三福が往生の業であるから、九品は皆往生出来ると説いた。つまり、法然は定散行は一往は往生の業であると『観経』に説いてあると、広義である与釈を説いた。

法然は論を進めて、

> 次に念仏といは、専ら弥陀仏の名《みな》を称する、是れなり。念仏の義、常の如し。
> 而るに今、「正しく弥陀の名号を付属して、遐代《かだい》に流通《るづう》することを明かす」と言《い》は、凡そ此の『経』の中に、既に広く定散の諸行を説くと雖も、即ち定散を以て阿難に付属し後世《ごせ》に流通せしめず。唯だ念仏三昧の一行を以て即ち阿難に付属し遐代に流通せしむるなり。

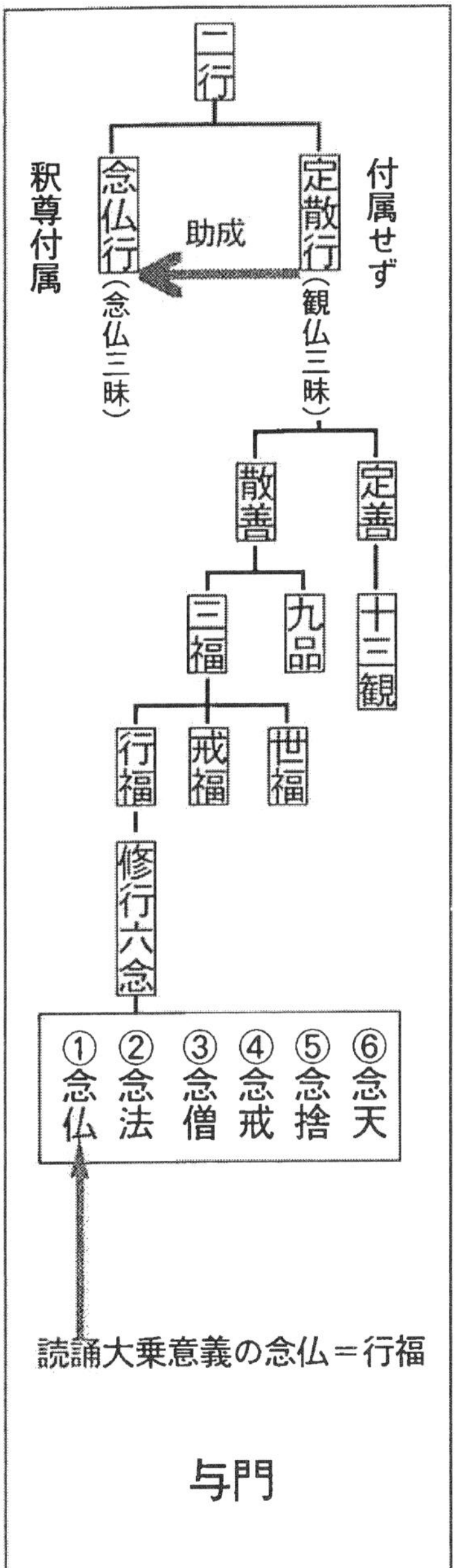

（図12－3）

釈尊が定散二善を阿難に付属しなかったことは、釈尊が散善行福としての念仏を付属しなかったことを意味する。そして、釈尊が念仏三昧の一行を阿難に付属したことは、散善行福ではない「念仏三昧」が真の念仏であると『観経』に説かれていることを意味するのである。（図12―3）

法然は次のように述べて、「念仏三昧」以外のすべての行を「観仏三昧」に一括して、二義的な意味しか認めなかった。

就中《なかづく》に、第九の観は、是れ阿弥陀仏観なり。即ち是れ観仏三昧なり。須く十二観をば捨てて、観仏三昧をば付属すべし。

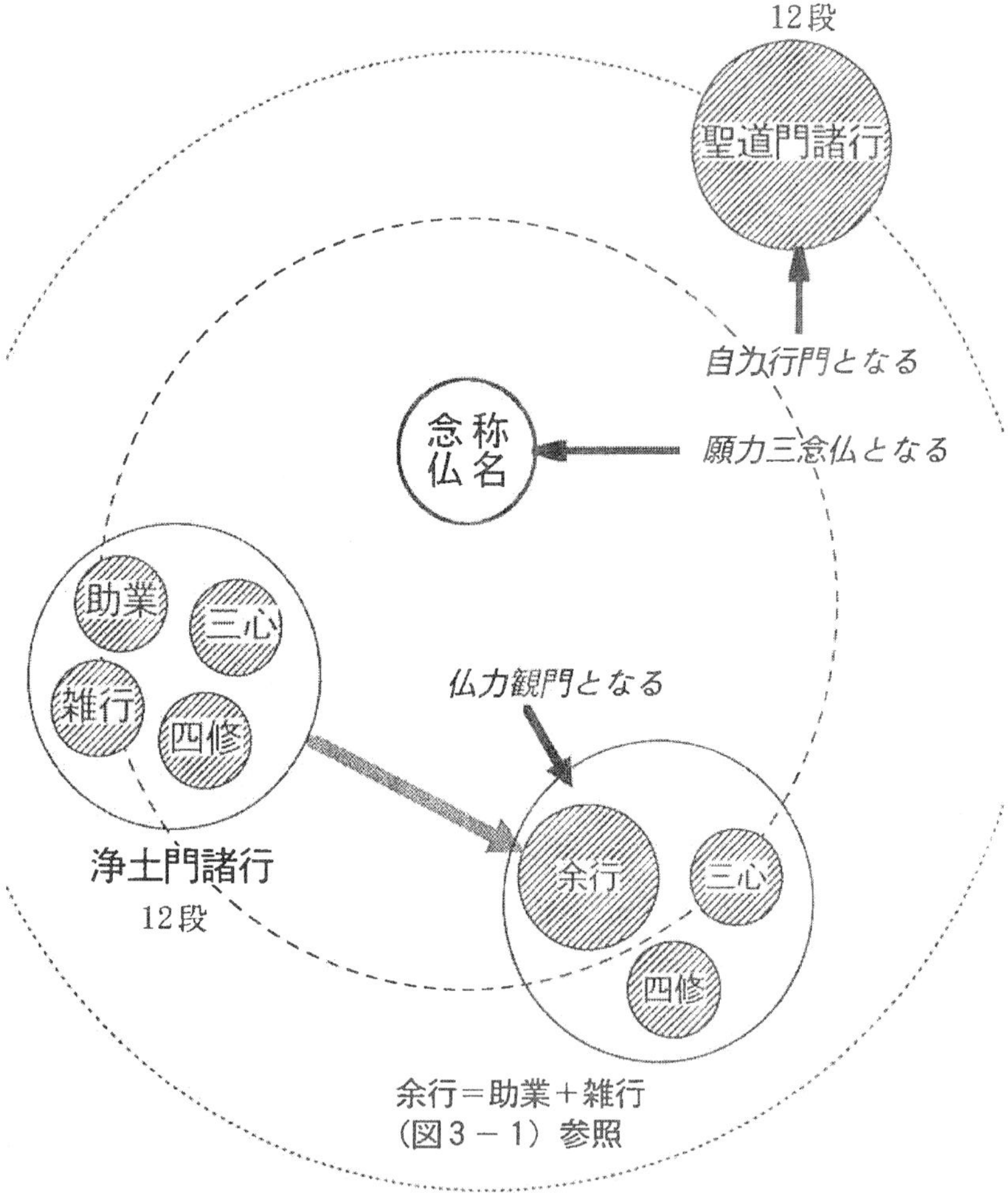
12段
聖道門諸行
自力行門となる
念称
仏名
願力三念仏となる
助業
三心
雑行
四修
仏力観門となる
浄土門諸行
12段
余行
三心
四修
余行＝助業＋雑行
（図3－1）参照

（図12－4）

就中に、同じき『疏』の『玄義分』の中に、「此の『経』は観仏三昧を宗と為《し》、亦は念仏三昧を宗と為《す》」と云へり。既に二行を以て一経の宗と為《せ》り。何ぞ観仏三昧を廃して念仏三昧を付属するや。

答へて曰はく、「仏の本願に望むるに、意《こころ》、衆生をして一向に専《もは》ら弥陀仏の名《みな》を称せしむるに在り」と云へり。定散の諸行は本願に非ざるが故に、之を付属せず。

亦た其の中に於て、観仏三昧も殊勝の行なりと雖も、仏の本願に非ざるが故に付属せず。念仏三昧は是れ仏の本願なり。故《かるがゆえ》に、以て之を付属せり。


法然はこの十二章において、これまでに述べた主旨を『観経』に当てはめて説いたのである。すなわち、『観経』においては、釈尊は「口称念仏」を真の「往生の業」として付属されたが、定散行（＝浄土門諸行＋聖道門諸行）も念仏行（念＋声）を助成することによって往生の業となるのである。念仏行に再び豊かな内容が与えられることになった。これは与門である（図12―4）。

第十三段　念仏を以て多善根と為《し》、雑善を以て小善根と為《す》る文

ここでは、『阿弥陀経』を引用して「雑善」は「念仏」よりも小善根・少善根・劣の善根であるから彼の国に生じること（往生極楽）は難しいが、生じないわけではないことを『阿弥陀経』によって証明した。つまり法然の与釋が、仏によって証明されているのである。

しかし法然は雑善に一定の価値を認めることができても、念仏の善根性には及ばないとした。（図13―1）

念仏の善根性≫定散諸行の善根性

（図13－1）

第十四段　六方の恒沙の諸仏、余行を証誠せずして、唯だ念仏を証誠したまふ文

法然は『観念法門』等を引用して、念仏する者は往生すると論じた。

法然は、『無量寿経』『観経』には仏の証明の文がないが、『阿弥陀経』にある仏の証明の適用範囲は三経に通じていることを、『十疑論』を引いて明らかにした。六方の諸仏が余行を証誠せず、称名念仏だけを証誠されたことは、たとえ与門において一定の価値を余行に認めても、諸仏によって証明される念仏の卓絶した価値に及ばないことを明かしたものである。

第十五段　六方の諸仏、念仏の行者を護念したまふ文

法然は『観念法門』『往生礼讃』を引いて六方の諸仏が念仏行者を守られるとした。六方の諸仏が念仏行者を守られることは、与門における念仏利益の証明である。第十三・十四・十五段は、釈尊と六方の諸仏による与釈の保証と証明を説いたものである。

第十六段　釈迦如来、弥陀の名号を以て慇懃《ねんごろ》に舎利弗等に付属したまふ文

第十六段は結釈であり、実践論である。

この段では、弥陀の選択として、本願・摂取・我名・化讃の四つ、釈迦の選択として讃嘆・留教・付属の三つ、十方恒沙の諸仏の選択として、証誠の一つ、合わせて八つの選択が説かれている。法然はこの八つの選択は「念仏一行」が選択されたのであって、「余行」ではないと念を押した。その上で、「三選の文」を左のように唱えた。

計《はかりみれば》也、夫《そ》れ速《すみ》やかに生死を離れむと欲《おも》はゞ、二種の勝法の中に、且く聖道門を閣《さしお》きて選びて浄土門に入《い》るべし。

浄土門に入《い》らむと欲《おも》はゞ、正雑二行の中に、且く諸の雑行を抛《なげす》てて選びて正行に帰すべし。

正行《しやうぎやう》を修せむと欲はば、正助二業の中に、猶《なほ》助業を傍らにして選びて応に正定《しやうぢやう》を専らにすべし。正定《しやうぢやう》の業《ごふ》といは、即ち是れ仏名《ぶつみやう》を称するなり。名《みな》を称すれば必ず生《むま》るることを得《う》。仏の本願に依るが故に。

このように、法然は最後の第十六段に至って、再び善導の『観経疏』の本来の素朴な解釈に戻した。すなわち、『選択集』の結論として、釈迦如来が付属したのは「称名念仏（念＋声）」であると示した。つまり、法然によれば、念仏には二つの要素があり、南無阿弥陀仏と口に称えること（声）と、そのことによって助成される念仏（念＝憶念）があると明かした上で、この二つは実践上分離するなと示したのである。

そうして結局、第二段の立場に返したように見える。しかし、単に第二段に帰ったのではなく、聖道門の諸行を閣《さしお》き、浄土門の雑行を抛《なげう》ち、正行の中の助業を傍《かたわら》にして、専ら南無阿弥陀仏と称えよと勧めたことは、阿弥陀如来の本願に帰したうえで、改めて諸行を実践する含みを残したのである。

すなわち法然は、第十六段は結釈（結論）であって、実践上、念と声は切り離してはならない、先ず称名念仏（念＋声）を専らに行ぜよと説いた（図16―1）。

以上のように、『選択集』が弥陀教（本）と釈迦教（末）によって整然と構成されていることは、天台智顗が『法華経』二十八品の前半を「迹門」、後半を「本門」に分けて解釈したことを想起させる。但し順序は逆であって、『選択集』においては本が先で末が後である。

法然は念仏する凡夫は報土に往生することができるという、天台教義にはない新しい浄土宗を建立したが、

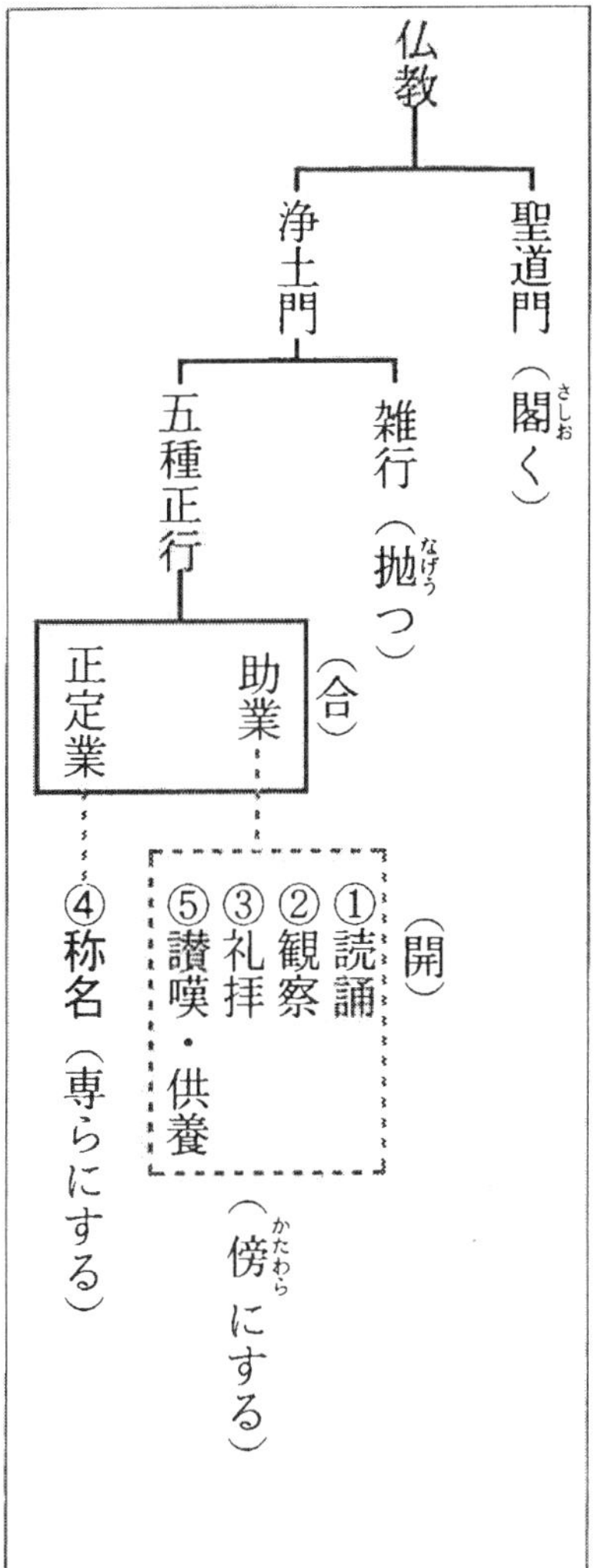

『選択集』の結論
（第十六段）

（図16－1）

浄土宗開宗の教義書である『選択集』を構築する理論は天台の与奪二門の論理を使用した。前半の奪門は廃立であり、後半の与門は傍正・助正に相当することはいうまでもない。

法然の人間像の複雑さ、あるいは奥の深さ、及び法然の教義の多様性が、いわゆる法然の二元性として問題になっているが、その根底に法然がマスターした天台教学の「与奪二門」の二元性が横たわっていると思われる。

1　『選択集』の限界

法然は天台沙門として出発し、法然自身も含めて末世の衆生が実践して救われる行を求めて「念仏一行」に到達した。そして専修念仏である浄土宗を開宗した。したがって念仏一行（念＋声）には仏に選択された「行の意義」が残されていた。「念仏一行」は仏から与えられたものであるが、衆生の側から積極的に働きかける行であることに違いはない。

2　まとめ

一、法然の術語（名目）は「集合論」を適用するとよく理解できる。
二、法然の論理は「総別・与奪の料簡」である。すなわち「集合論」である。
三、『選択集』は「本」（弥陀教）と「末」（釈迦教）の二部構成である。即ち善導の二尊教に則っている。

あとがき

この本を出版することになった経緯を率直に述べる。

平成一〇年一一月二六日、西山浄土宗宗務所から、粟生光明寺開創八〇〇年・『選択集』撰述八〇〇年の記念出版として、『復元根源正本選擇本願念佛集』が刊行された。参画したのは「西山学会『選択集』研究会」会員二〇名の次の諸氏である。

五十嵐隆幸　稲田順学
稲田廣演　稲吉満了
大塚靈雲　加藤義諦
吉良　潤　日下俊諦
日下英晃　日下部祥宏
小島英裕　榊原慶治
佐伯良雄　菅田祐準
杉江幸彦　田辺英夫

中西随功　　中山卓仁
長谷川是修　村上鉄瑞
（五十音順）

その中から、編集委員として次の七名が選抜された。

稲田廣演
大塚靈雲
吉良　潤
菅田祐準
杉江幸彦
田辺英夫
中西随功
（五十音順）

および編集事務の坂田憲瑞の各氏であった。

九条兼実に進覧された『選択集』が『復元根源正本選擇本願念佛集』として出版されたことは、不正確な『選択集』が流布している現状に警鐘を鳴らしたものとして大いに有意義であった。また、本書は西山派だけでなく、他宗派においても教科書として採用された。

しかし、本書の「解説」は簡素であって、『選択集』の内容を詳しく解説したものではないので、本書の意義が十分に理解されたとはいえないのである。

また読み下し文の中にも、その後の研究到達レベルから見ると、訂正すべき若干の問題点があるように思われた。

そこで、平成一三年一一月二〇日、西山三派から、次の有志代表が選ばれた。

西　山　浄　土　宗　有志代表　田辺英夫、杉江幸彦
浄土宗西山禅林寺派　有志代表　中川龍晃、大塚靈雲
浄土宗西山深草派　有志代表　吉良　潤、稲田順学

さらに、平成一七年一二月八日、西山三派の有志代表を増強して、左記の九名が『選択集』の解説書を出版すべく、原稿のたたき台をまとめ上げて西山学会に提出することが承認された。

田辺英夫、杉江幸彦、菅田祐準　（西山浄土宗）
中川龍晃、大塚靈雲、五十嵐隆幸　（浄土宗西山禅林寺派）
吉良　潤、稲田順学、稲吉満了　（浄土宗西山深草派）

西山学会にタタキ台として提出されたその報告書は『選択集の論理と構造―法然の集合論―』と題された。その手法は、諸々の選択集解説書を参照することなく『根源正本選択集』を直接に解読したものである。

右の九名以外にも西山派の若い研究者たちの協力を得て、従来の『選択集』研究とは全く異なった観点、すなわち「『選択集』の論理と構造」について、新しい成果を得ることができた。その若い研究者は次の人々である。

榊原慶治	稲田廣演	森　誠純	長谷川浩文	小島英裕
熊谷かおり	湯谷祐義	山西俊亨	太田俊明	橋本随彰
富永和典	田中随晋	佐伯良雄	萩原勝学	小島淳祐
日下俊諦				

さて、いわゆる新型コロナウイルスが蔓延している現今において、西山学会『選択集』研究会の承認を取り付けることは困難である。しかし、私たちはコロナウイルスの前で萎縮してはならない。それで、「西山三派の有志代表」が出版を断行することになった。

そもそも、出版することは広く一般社会に情報を流布して、批判を請うことである。西山学会会員ひいては西山派の方々は、率先して本書を検討・批判していただきたい。本書の中に誤りがあれば「西山学会『選択集』研究会」は改善することにやぶさかではないであろう。

令和二年十二月

西山学会『選択集』研究会

『選択本願念仏集』の論理と構造
——法然の集合論——

2021年1月25日　発行

著　者　西山学会『選択集』研究会
発行者　西村孝文
発行所　株式会社白馬社
〒612－8469　京都市伏見区中島河原田町28－106
電話 075(611)7855　FAX 075(603)6752
URL http://www.hakubasha.co.jp
E－mail info@hakubasha.co.jp
印刷所　ねっこ共働作業所

ISBN978－4－907872－30－4　C0015